职业教育电子商务专业 系列教材

网店美工任务实训

主　编／彭秋秋

副主编／彭燕娟　汪森霖

参　编／（排名不分先后）

　　　　杜　珺　吴海芳　吴楚洲

　　　　黄有志　黄　彦　王　薇

主　审／吴　成

重庆大学出版社

内容提要

本书打破传统教学模式，按照网店美工岗位从业人员的典型工作任务，总结细化模拟出6个学习项目，首先从针对商品图片修图美化到网店装修流程及风格的介绍，进阶到店铺首页装修及商品描述，再到移动端的店铺装修，最后进行数据分析和网店装修诊断。本书以学生为主体，项目为驱动，通过实际案例，让学生亲身实践，充分体现了"做中学"的思想。本书在保证基本知识能力的基础上，重点培养学生分析问题、解决问题的能力，让学生毕业后能尽快适应美工岗位，顺利投入岗位工作。

本书可作为职业院校电子商务及其他相关专业的教学用书，也可作为网店美工设计人员的培训资料。

图书在版编目（CIP）数据

网店美工任务实训 / 彭秋秋主编. –– 重庆：重庆
大学出版社，2021.6（2023.8重印）
职业教育电子商务专业系列教材
ISBN 978-7-5689-2331-6

Ⅰ.①网… Ⅱ.①彭… Ⅲ.①网店—设计—职业教育
—教材 Ⅳ.①F713.361.2

中国版本图书馆CIP数据核字（2020）第196577号

职业教育电子商务专业系列教材

网店美工任务实训
WANGDIAN MEIGONG RENWU SHIXUN

主　编　彭秋秋
副主编　彭燕娟　汪森霖
主　审　吴　成
责任编辑：王海琼　　装帧设计：原豆设计
责任校对：万清菊　　责任印制：赵　晟
＊
重庆大学出版社出版发行
出版人：陈晓阳
社址：重庆市沙坪坝区大学城西路21号
邮编：401331
电话：（023）88617190　88617185（中小学）
传真：（023）88617186　88617166
网址：http://www.cqup.com.cn
邮箱：fxk@cqup.com.cn（营销中心）
全国新华书店经销
印刷：重庆巍承印务有限公司
＊
开本：787mm×1092mm　1/16　印张：11　字数：214千
2021年6月第1版　　2023年8月第2次印刷
ISBN 978-7-5689-2331-6　定价：49.00元

编写人员名单

主　编

　　彭秋秋　广东省财经职业技术学校

副主编

　　彭燕娟　佛山市南海区九江职业技术学校

　　汪森霖　中山市沙溪理工学校

参　编（排名不分先后）

　　杜　珺　惠州城市职业学院

　　　　　　（惠州商贸旅游高级职业技术学校）

　　吴海芳　中山市火炬科学技术学校

　　吴楚洲　广东省对外贸易职业技术学校

　　黄有志　佛山市华材职业技术学校

　　黄　彦　惠州城市职业学院

　　　　　　（惠州商贸旅游高级职业技术学校）

　　王　薇　东莞市商业学校

主　审

　　吴　成　东莞市轻工业学校

随着电子商务的深入发展，网络购物日益成为人们生活中必不可少的一部分。电子商务公司之间的竞争日趋激烈，为了吸引眼球，网店店主会想方设法包装自己的网店，以使自己在同行业的竞争中脱颖而出，而且这种趋势愈演愈烈。网店的装修与网店的转化率和聚客能力是息息相关的。因此，对网店美工人员的需求量呈爆发性增长。

一个优秀的网店美工除了会使用Photoshop、CorelDRAW等图像处理工具之外，还需要对消费者购物心理有一定了解，能用精美的图文表达商品的卖点；对网页布局有丰富经验，对色彩敏感，能处理各种视觉冲突，有良好的审美观；能够根据公司产品的上架情况和促销信息制作促销广告；能够通过网站后台的数据，挖掘消费者的浏览习惯和消费需求。

本书按照网店美工岗位从业人员的典型工作任务，总结细化模拟出6个学习项目，首先从针对商品图片修图美化到网店装修流程及风格的介绍，进阶到店铺首页装修及商品描述；再到移动端店铺装修；最后进行数据分析和网店装修诊断。通过实际案例的讲解，充分体现"做中学"的思想，在保证基本知识能力的基础上，重点培养学生分析问题、解决问题的能力，让学生毕业后能尽快适应美工岗位，顺利投入岗位工作。本书可作为职业院校计算机及电子商务专业的教材，也可作为网店美工设计人员的培训资料。

采用本书进行教学时可参考学时分配如下：

序号	项目	参考学时
1	Photoshop基础操作	8
2	网上店铺装修	14
3	网店首页广告设计	18
4	商品详情页面制作	20
5	移动端店铺装修	12
合　计		72

　　本书由彭秋秋主编,彭燕娟,汪森霖为副主编。吴楚洲负责编写项目1的任务1~4;吴海芳负责编写项目2的任务1~2以及项目4的任务3~4;彭燕娟负责编写项目1的任务5~6以及项目2的任务3~4;彭秋秋负责编写项目2的任务5~6、项目3的任务5和项目5的任务1~2;汪森霖负责编写项目3的任务1~3;黄有志负责编写项目3的任务4、6;杜珺负责编写项目4的任务1、2、5;黄彦负责编写项目5的任务3~4;全书由彭秋秋负责统稿。书中涉及部分素材来源于网络及学生作品,这里,绝无侵权之意,在此向原作者致以由衷的谢意。

　　本书配有电子课件、电子教案、电子素材和试卷供教师教学参考,需要者可到重庆大学出版社的资源网站(www.cqup.com.cn)下载电子教案、电子素材等。

　　由于编者水平有限,书中难免存在遗漏、疏忽之处,恳请大家批评指正。

编　者

2020年1月

▌▌▌▌ 项目1　Photoshop基础操作

002	任务1　裁剪商品图片
002	活动1　校正透视图
004	活动2　校正倾斜重构图
006	任务2　抠取商品图片
006	活动1　钢笔抠图
008	活动2　其他方法抠图
010	任务3　商品图片调色
010	活动1　曲线工具调色
011	活动2　修正白平衡
012	活动3　调整图片亮度与鲜艳度
013	任务4　商品图片修复
014	活动1　快去水印修补与内容识别
015	活动2　图章工具修图
016	活动3　运用液化与滤镜工具修图
018	活动4　图片调色
019	任务5　商品图片背景处理
020	活动1　处理白底拍摄背景
022	活动2　更换背景颜色
024	任务6　精修与美化商品图片
025	活动1　调整角度
026	活动2　消除色差
028	活动3　提高商品清晰度

项目2 网上店铺装修

036 | **任务1** **网店装修流程**
036 | 活 动 网店装修的前期准备
039 | **任务2** **网店装修整体风格**
040 | 活 动 设计网店装修风格和版面布局
046 | **任务3** **制作店铺LOGO**
046 | 活动1 了解LOGO的分类
048 | 活动2 制作店铺LOGO
050 | **任务4** **制作店招**
051 | 活动1 确认风格和搜集素材
053 | 活动2 设计店招
055 | **任务5** **制作商品主图**
056 | 活动1 了解主图规格
058 | 活动2 制作白底文字主图
061 | 活动3 制作功能场景主图
064 | **任务6** **直通车广告图创意**
064 | 活 动 直通车广告图创意

项目3 网店首页广告设计

072 | **任务1** **广告设计的标准**
072 | 活 动 广告设计的标准
076 | **任务2** **设计制作轮播广告**
076 | 活 动 设计制作广告
082 | **任务3** **设计制作全屏欢迎模块广告**
082 | 活 动 设计与制作全屏欢迎模块主题广告
085 | **任务4** **设计促销模板**
086 | 活 动 设计促销模板
089 | **任务5** **设计商品分类展示区**

089 ｜ 活动1 设计商品分类展示区——规整型

093 ｜ 活动2 设计淘宝商品展示区——斜框型

095 ｜ **任务6 制作拓展版全屏背景**

095 ｜ 活动1 制作拓展版全屏背景——简洁几何型

098 ｜ 活动2 制作拓展版全屏背景——仿实景型

项目4 商品详情页面制作

106 ｜ **任务1 制作商品详情页模板**

106 ｜ 活动1 消费行为调研

108 ｜ 活动2 绘制商品详情页结构图

111 ｜ 活动3 商品详情页的内容策划

113 ｜ **任务2 制作服装类商品描述**

113 ｜ 活动1 商品详情设计

116 ｜ 活动2 尺码展示设计

118 ｜ 活动3 平铺展示与商品描述设计

120 ｜ 活动4 细节展示设计

122 ｜ 活动5 面料特性设计

123 ｜ 活动6 合并完整的商品描述页

124 ｜ **任务3 制作电子类商品描述**

124 ｜ 活动1 商品展示设计

128 ｜ 活动2 细节展示设计

128 ｜ 活动3 详情介绍设计

130 ｜ 活动4 合并完整的商品描述页

131 ｜ **任务4 制作日用品类商品描述页**

131 ｜ 活动1 商品展示设计

133 ｜ 活动2 商品参数设计

134 ｜ 活动3 商品细节展示设计

135 ｜ 活动4 合并完整的商品描述页

135 ｜ **任务5 CSS图文混排商品描述页**

项目5 移动端店铺装修

144 | **任务1   制作移动端店铺招牌**

144 | 活动1   制作移动端常用店招

146 | 活动2   制作移动端"双十二"促销活动店招

149 | **任务2   制作移动端店铺广告**

149 | 活动1   制作移动端新品上市广告

150 | 活动2   制作移动端"双十二"广告

154 | **任务3   制作移动端店铺商品分类展示区**

154 | 活动1   制作商务版尚美状品生活坊手机淘宝商品分类展示区

158 | 活动2   制作夏日主题尚美状品生活坊手机淘宝商品分类展示区

162 | **任务4   制作移动端店铺商品详情页**

162 | 活 动   设计详情页各功能模块

项目1
Photoshop 基础操作

▣ 项目综述

　　随着电子商务的崛起，网店美工的重要性也逐渐地体现出来。因为精美的视觉设计有利于增加商品被潜在顾客发现的概率，也有利于提高自己在同类卖家的竞争力，从而提高销量。Photoshop是一款功能强大的平面图像处理软件，在网页制作和多媒体课件中得到广泛的应用，也是网店美工常用的工具。本项目主要通过在网店视觉设计中常用的实例进行分析和讲解。该项目主要任务有商品图片裁剪、商品图片抠图、商品图片调色、商品图片修图、商品图片背景处理、精修与美化商品图片。

▣ 项目目标

　　学习完本项目后，你将能够:

知识目标

◇认识商品图片的裁剪方法。

◇认识常见的抠图方法。

◇了解图片调色的方法。

◇学习商品图片的修图方法。

技能目标

◇能够使用不同的方法对图片进行裁剪。

◇能够用不同的方法对商品图片进行抠图。

◇掌握几种不同的商品图片的调色方法。

◇学会几种商品图片的修图方法。

情感目标

◇培养学生处理商品图片的能力。

◇培养学生的审美及色彩辨别能力。

◇培养学生Photoshop的综合运用能力。

任务1
裁剪商品图片

情境设计

Alice到惠美电子商务有限责任公司美工部门实习，美工部门安排了Daisy指导Alice，Daisy为了让Alice尽快熟悉图形处理软件操作，找了之前摄影部门传过来有问题的商品图片让Alice练习图片处理。这些商品图片有的透视太夸张、有的拍摄时离相机太近，有的拍摄角度过高或过低、有的立体商品扭曲变形、有的经销授权证书倾斜变形、有的建筑物透视变形，应该如何修正呢？

任务分解

Alice看到这些扭曲变形、有倾斜问题的商品图片，脑海里出现了Photoshop软件的一些工具，比如裁剪、改变画布大小等，都是可以修正这些问题图片的。

活动1　校正透视图

活动背景

当遇到商品透视太夸张，拍摄时相机离得太近，角度过高或过低，立体的商品扭曲变形，经销授权证书倾斜变形，商品头重脚轻等问题时，应该如何修正呢？

活动实施

①比较下面两幅图，如图1.1.1所示由于拍摄角度的问题，造成商品头重脚轻，严重失真。如图1.1.2所示是经过Photoshop校正透视，重新定好重心、大小后的效果图。

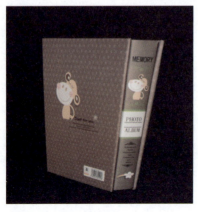
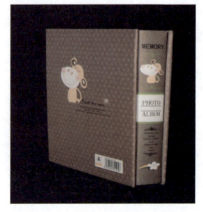

图1.1.1　　　　　　　　　　　　　　　　图1.1.2

②打开"电子素材/项目1/失真图.jpg",选择工具栏裁剪工具右下角箭头处的透视裁剪工具,如图1.1.3所示。

③根据透视学的原理,需要调整裁剪框的控制点,使裁剪框的虚线与物品的边缘平行,如图1.1.4所示。

④按下"Enter"键之后得到如图1.1.5所示的效果图。

图1.1.3

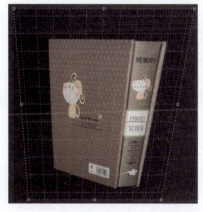

图1.1.4

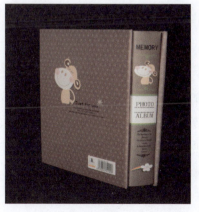

图1.1.5

活动评价

通过该活动, 对由于拍摄角度造成头重脚轻等问题引起商品变形的图片进行处理。

活动2　校正倾斜重构图

活动背景

当拍摄图片的光轴与主题的各种视平线未能形成平行状态时, 例如相机端不平、商品拍摄时倾斜、建筑物倾斜、构图不正等原因造成两者间形成一定的夹角, 都会使拍摄出的图片出现一定程度的倾斜, 这可以通过Photoshop裁剪来校正, 不需要重新拍摄。

活动实施

①比较下面两幅图, 如图1.1.6所示, 由于拍摄图片的光轴与主题的视平线未能形成平行状态时或者相机端不平, 或者商品拍摄时倾斜, 造成照片中的商品出现一定程度的倾斜。图1.1.7是经过Photoshop校正倾斜后的效果图。

图1.1.6　　　　　　　　　　　　　图1.1.7

②打开 "电子素材/项目1/倾斜图.jpg", 为了利于裁剪和商品的展示, 我们先将画布改成正方形, 如图1.1.8、图1.1.9所示。

③选择工具栏的裁剪工具, 如图1.1.10所示, 这个时候箭头光标就会变成裁剪图标。

④根据需要拉出裁剪框, 可以通过裁剪框周围的控制点拉伸裁剪框的大小。

⑤在裁剪框拉伸好了之后, 将鼠标移出裁剪框后, 当靠近矩形控制点的时候, 你会看到光标会变成拐角一样的双向箭头, 这时候你可以任意旋转拐角的方向。

⑥当旋转的角度使裁剪框的其中一条边与商品的一条边达成平行时, 如图1.1.11所示, 按 "Enter" 键, 会出现如图1.1.7所示的效果。

图1.1.8

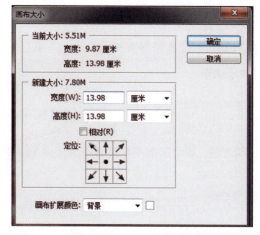

图1.1.9

图1.1.10

图1.1.11

活动评价

本次活动是针对在拍摄过程中,由于角度的问题导致商品倾斜,不利于产品的展示,通过Photoshop的裁剪工具,调整好商品的角度,使其重新构图,达到更好的展示效果。

>>>>>> **任务2**
抠取商品图片

情境设计

网店美工这门课程,学习者多数是为了开网店,想做好网店一定要做好商品图片处理,即使聘请专业的设计师,自己也需要懂得一点图片处理的知识,才能应对商品图片的处理工作。而在这其中,抠图又是一项很重要的工作,良好的抠图技巧可以使不美的图片经过处理后看上去美观大方,也可以使本来很美的图片锦上添花。图片是网店的灵魂,好的图片完全可以提高交易的成功率。

任务分解

Photoshop有很多抠图方法,其中钢笔抠图是最基本也是最为精确的抠图方法之一。

活动1 钢笔抠图

活动背景

该图片上的钢笔金色部分与背景颜色较为接近,所以不太适合一些智能的选择工具,为了能精确抠出每一个细节,最合适的还是钢笔工具。

活动实施

利用如图1.2.1和图1.2.2所示的素材,使用钢笔工具抠取钢笔的外轮廓,对商品的背景进行置换,并做成如图1.2.3所示的效果。

①打开"电子素材/任务项目1/钢笔抠图素材.jpg",将钢笔的画面放大显示,将画面窗口移至合适的位置。

图1.2.1　　　　　　　　　　　图1.2.2　　　　　　　　　　　图1.2.3

②单击工具栏的 按钮，将鼠标光标移动到如图1.2.4所示的位置处单击，创建路径的起始点，并按照如图1.2.4所示的路径方向创建第2、第3……节点。

③用步骤②相同的方法，沿商品的边缘依次单击，创建出如图1.2.5所示的闭合钢笔路径。

图1.2.4　　　　　　　　　　　　　　　　图1.2.5

④单击工具箱中的 按钮，将鼠标光标移动到节点，按下鼠标左键并拖曳，此时将出现两条调节柄，如图1.2.6所示。

⑤分别调整两端调节柄的长度和方向，从而调整节点两侧路径的弧度，使其紧贴钢笔的轮廓。

⑥重复步骤④和步骤⑤，将路径调整为如图1.2.7所示的效果。

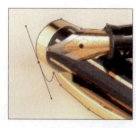

图1.2.6　　　　　　　　　　　　　　图1.2.7

⑦单击"路径"面板底部的 （将路径作为选区载入）按钮，将路径转换为选区。

⑧在菜单栏中，单击"选择"→"修改"→"平滑"命令，弹出"平滑选区"对话框，如图1.2.8所示。

⑨在菜单栏中选择"编辑"→"拷贝"命令，复制选

图1.2.8

区内的商品。

⑩打开"电子素材/项目1/背景1.jpg",按下"Ctrl+V"快捷键粘贴商品,再按下"Ctrl+T"快捷键调整到合适的大小和位置。最终效果如图1.2.3所示。

📋 知识窗

锚点转换技巧:使用"选择工具" 时,按下"Ctrl+Alt"快捷键(可切换转换点工具)单击并拖动锚点,可将其转换为平滑点;按下"Ctrl+Alt"快捷键单击平滑点可以将其转换为角点。

使用"钢笔工具" 时,将光标放在锚点上时,按住"Alt"键(可以切换为转换点工具)单击并拖动角点可将其转换为平滑点;按住"Alt"键单击平滑点则可将其转换为角点。

活动2 其他方法抠图

活动背景

本次活动的抠图是针对有透明效果的图像,进行综合处理。

活动实施

在如图1.2.9和图1.2.10所示的素材上,利用通道抠取衣服的图片,并将背景换成如图1.2.11所示的效果。

①打开"电子素材/项目1/裙子.jpg",选择"钢笔工具",在图片上画出如图1.2.12所示的路径,把衣服没有蕾丝的部分勾勒出来。

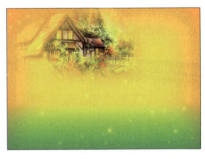
图1.2.9

图1.2.10

图1.2.11

②按下"Ctrl+Enter"快捷键将路径转换为选区,再按下"Ctrl+J"快捷键复制图层1,单击选择背景层。

③打开通道面板,复制红色通道"红副本",按下"Ctrl+L"快捷键调整色阶,参数如图1.2.13所示。

图1.2.12

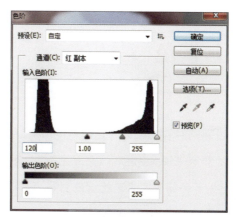

图1.2.13

④使用"钢笔工具"分别绘制出衣袖和裙底蕾丝部分，然后用路径"选择工具" 选择裙底部分路径，如图1.2.14所示。按"Ctrl+Enter"快捷键将路径转换为选区。

图1.2.14

⑤按下"Ctrl+Shift+Alt"组合键，单击通道"红副本"，可以得到选区的交集。按下"Ctrl+J"快捷键复制图层2，再选择背景层。

⑥重复步骤④和⑤，分别复制出两支衣袖的蕾丝部分，形成图层3和图层4，如图1.2.15所示。

⑦将图层1、图层2、图层3、图层4合并图层，并打开"电子素材/项目1/背景2.jpg"，将图层1移至打开的图1.2.9素材中，按"Ctrl+T"快捷键调整好图层1的大小和合适的位置，如图1.2.16所示。

图1.2.15

图1.2.16

>>>>>>>> **任务3**
商品图片调色

情境设计

对于有过网购经验的亲们一定都知道，商品色差是一件很令人头疼的事，事实上对于苦心经营的卖家来说，更是有过之而无不及。因为灯光、拍摄环境等原因造成的色差很难避免，但是却会给买家带来错误的引导，因此造成的退换货和差评引发的纠纷也是最多的。本任务的主要目的是对出现色差的商品图片进行调整，从而减少色差。

任务分解

商品图片拍出来造成色彩的偏差，基本上是由于明暗度、色彩的纯度以及色彩的正确与否这三种原因造成的，所以拿到图片时，同学们就要先判断造成色差的原因再选择调色工具。

活动1　曲线工具调色

活动背景

曲线是Photoshop中强大的光影调整工具，本活动主要是通过调整曲线来调整曝光严重不足的图片。

活动实施

①打开"电子素材/项目1/裙子2.jpg"，如图1.3.1所示，这是一张曝光严重不足的图片，画面很暗，阴影区域细节非常少。

②按"Ctrl+J"快捷键复制"背景"图层，得到"图层1"；将它的混合模式改成"滤色"，提升图像整体的亮度，如图1.3.2和图1.3.3所示。

图1.3.1

图1.3.2

图1.3.3

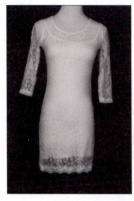

图1.3.4　　　　　　　　　图1.3.5　　　　　　　　　图1.3.6

③再按下"Ctrl+J"快捷键，复制这个"滤色"模式的图层，效果如图1.3.4所示。

④单击"调整"面板中的按钮，创建"曲线"调整图层。在曲线偏下的位置处单击，添加一个控制点，如图1.3.5所示；然后向上拖动曲线，如图1.3.6所示；从而将图像的暗部区域调亮，效果如图1.3.7所示。

图1.3.7

活动2　修正白平衡

活动背景

白平衡英文名称为White Balance，物体颜色会因投射光线颜色产生变化，在不同光线的场合下拍摄出的图片会有不同的色温，通过调整白平衡可以纠正这类原因造成的颜色偏差。例如，以钨丝灯（电灯泡）照明的环境拍出的照片可能偏黄，一般来说，CCD没有办法像人眼一样自动修正光线的改变（CCD在摄像机里是一个极其重要的部件，它起到将光线转换成电信号的作用）。

活动实施

①打开一张产品照片"电子素材/项目1/修正白平衡.jpg"，如图1.3.8所示。这是一张偏冷的图片，通过白平衡修正，减少色差。

②单击菜单栏"调整"→"照片滤镜"，对如图1.3.9所示的滤镜设为加温滤镜（81）、浓度为34%，可以得到如图1.3.10所示的效果。

图1.3.8

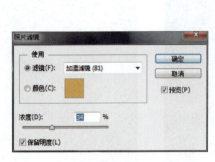

图1.3.9

图1.3.10

🖿 知识窗

校正色差的方法还能通过运用菜单栏"调整"项里面的"色彩平衡""曲线"和"色相/饱和度""色阶"等命令来实现色差调整,以达到减少色差的目的。

活动3　调整图片亮度与鲜艳度

活动背景

当物体受到环境颜色的影响后,会产生偏色,在Photoshop中可以用一些调整命令来校正色彩。

活动实施

①打开素材"电子素材/项目1/调整图片亮度与鲜艳度.jpg"文件,如图1.3.11所示;用钢笔工具勾勒出产品的轮廓来,如图1.3.12所示;并将轮廓转换为选区,如图1.3.13所示。

图1.3.11

图1.3.12

图1.3.13

②执行"图像"→"调整"→"色彩平衡"命令,设置对话框如图1.3.14所示,调整后如图1.3.15所示。

③执行"图像"→"调整"→"亮度/对比度"命令,设置对话框如图1.3.16所示,调整后如图1.3.15所示。取消选区,即可得到如图1.3.17所示的效果。

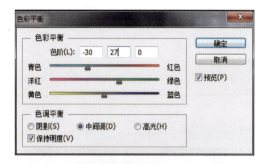

图1.3.14　　　　　　　　　　　　　　　　图1.3.16

图1.3.15　　　　　　　　　　　　　　　　图1.3.17

》》》》》 任务4
商品图片修复

情境设计

在商品图片拍摄过程中，由于拍摄的种种原因（如背景、灯光、拍摄角度等），导致拍出来的图片存在色差，漂亮的背景图片存在瑕疵，素材存在水印等，这都需要对商品图片进行修复，从而达到理想的效果。

任务分解

由于拍摄的环境、灯光、拍摄角度等原因导致拍出来的图片存在瑕疵，部分素材还可能存在水印等，同学们在拿到素材后，首先要判断是什么原因导致的，再选择相应的工具进行修图。

活动1　快去水印修补与内容识别

活动背景

这是在Photoshop CS5以上版本才有的一个功能，用这个方法能够快速去除水印。

活动实施

快速去除如图1.4.1所示的水印，得到如图1.4.2所示的效果。

图1.4.1　　　　　　　　　　　　　　　　　图1.4.2

①打开素材"电子素材/项目1/快速去除水印2.jpg"，先复制一个图层，然后在图层1上进行处理。

②用"套索工具"选择有水印的地方，如图1.4.3所示。

③然后执行"编辑"→"填充"命令（或者按下快捷键"Shift+F5"），出现如图1.4.4所示的对话框，选择"内容识别"选项，单击"确定"按钮即可得到如图1.4.5所示的图案。

图1.4.3　　　　　　　　　　　　　　　　　图1.4.4

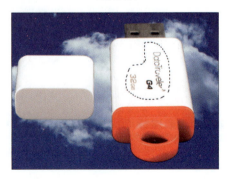

图1.4.5　　　　　　　　　　　　　　　　　图1.4.6

④重复步骤②和步骤③，得到如图1.4.6所示的效果；去除U盘上面的水印，即可得到如图1.4.2所示的效果图。

活动2　图章工具修图

活动背景

练习仿制图章工具、修复画笔工具、图案图章工具等。

活动实施

用仿制图章、修复画笔、图案图章工具将如图1.4.7所示的图处理成如图1.4.8所示的效果。

图1.4.7　　　　　　　　　　　　图1.4.8

①打开素材"电子素材/项目1/图章修复.jpg"，选定仿制图章工具，按住"Alt"键，此时光标为"靶"状，可取色样，注意在黑色圈内取色样，如图1.4.9所示。然后松开"Alt"键，在红色圈内慢慢单击，记住此时取样点随光标单击部位不同取样点也不断变动。将3个瓶子擦除，步骤与效果如图1.4.10~图1.4.12所示。

图1.4.9　　　　　　　　　　　　图1.4.10

图1.4.11　　　　　　　　　　　　图1.4.12

②在"仿制图章工具"中可以选择不同的画笔形状、大小、涂抹的各种范围。

③利用"修复画笔工具"对桌子进行修改,增加桌子的真实性。

④打开素材"电子素材/项目1/蝴蝶.jpg"文件,如图1.4.13所示。

图1.4.13

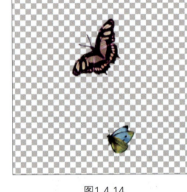

图1.4.14

⑤选择"魔棒工具",选定图片的白色背景,容差设置为"20"之后按"Delete"键,删除选定选区的像素。如图1.4.14所示为删除背景后的效果,选择菜单栏"编辑"→"定义图案"命令,将图片定位"图案"。

⑥选择图案图章工具,选择刚刚新建的蝴蝶图案,用图案图章工具在图片上绘制蝴蝶,多余的图用橡皮擦工具清除,效果如图1.4.8所示。

活动3 运用液化与滤镜工具修图

活动背景

通过液化中的工具,让画面像液体一样可以流动,从而改变其外观,普遍用于改变物体轮廓,尤其是人体及脸部。

活动实施

使用"液化"滤镜可以修改模特的脸型、体型,多余的赘肉等,并将图1.4.15处理成图1.4.16所示的效果。

①导入素材"电子素材/项目1/液化修图.jpg",按"Ctrl+J"快捷键复制背景图层。执行"滤镜"→"液化"命令,打开"液化"对话框,选择"向前变形工具",设置画笔大小和压力如图1.4.17所示。

②如图1.4.18所示,用"Ctrl++"快捷键将图片放大,并将光标放在模特双腿边缘,向里拖动鼠标,使轮廓向内收缩,改变大腿和小腿的弧线。在拖动时,根据实际情况改变画笔的大小,从而改变大小腿的大小,让模特看起来更加苗条。注意:在修正的时候,要按住鼠标拉动,最好不要一下一下地多次点按,会引起不必要的变形。

图1.4.15

图1.4.16

图1.4.17

图1.4.18

图1.4.19

③将光标移至手臂边缘，向里推动鼠标，使首部的轮廓也相应缩小，从而改变整个模特的体型，如图1.4.19所示。

活动评价

本次活动让学生掌握如何利用"液化"滤镜对模特的脸型、体型、多余的赘肉进行修改，达到美化图片的效果。

活动4 图片调色

活动背景

在网店美工设计中，调色是最经常使用的操作（常常因为拍摄时的各种原因，导致拍出来的图片存在色差），其中以衣服调色最常见。当图片与实物的色差大时，就必须要把图片上的颜色进行准确的色彩还原。

活动实施

通过图片调色，快速选择工具、匹配颜色，将图1.4.20修成图1.4.21所示的效果。

图1.4.20

图1.4.21

①打开素材文件"电子素材/项目1/素材/图片调色.jpg"，按"Ctrl+J"快捷键复制图层，并使用"快速选择工具"，选择需要调色的衣服部分，如图1.4.22所示。

图1.4.22

图1.4.23

②导入素材文件"电子素材/项目1/匹配源.jpg"，用"快速选择工具"，选择衣服部分，如图1.4.23所示。

③切换到图片调色.jpg，然后执行"图像"→"调整"→"匹配颜色"命令，打开"匹配颜色"对话框。在"源"选项下的列表中选择"匹配源.jpg"，调整"明亮度""颜色强度"和"渐隐"值如图1.4.24所示。单击"确定"按钮关闭对话框，即可得到如图1.4.6所示。

图1.4.24

活动评价

通过本次活动，让学生掌握如何利用快速选择工具、匹配颜色来调整照片的色差，把照片上的颜色进行准确的色彩还原，让照片的色彩大体上和实物的色彩相一致。

任务5
商品图片背景处理

情境设计

一幅好的商品图片，一定要突出商品的优点、卖点。商品图片的背景越简单效果越好。在网店中，常用的是白色背景商品图作为主图，也就是我们常说的白底图。即使不是白底图，一般也是纯色背景。本任务通过对两类常见拍摄图的背景处理，掌握制作白底图的常用方法。

任务分解

> 拿到的商品拍摄图片背景分为纯色和比较复杂的背景，对于纯色背景图片我们需要的是局部调解让整个背景色调统一；复杂的背景可能需要用到抠图来置换。

活动1　处理白底拍摄背景

活动背景

如图1.5.1的T恤图片，在拍摄时，使用的是白色背景布，但由于灯光的原因，白色背景不是纯白色，而是呈现出灰色，而且背景左右明暗度也不一致，同时还造成了T恤的色差。

图1.5.1

活动实施

①在Photoshop里导入素材"电子素材/项目2/素材1.jpg"，按"Ctrl+J"快捷键复制背景图层。把背景图层可视隐藏，如图1.5.1所示。

②选择菜单"图层"→"调整"→"色阶"，或者按"Ctrl+L"快捷键调出"色阶"对话框，选择"在图像中取样以设置白场"图标，如图1.5.2所示。

③用吸管在图片横向的1/3左右处单击，取样设置为白场，效果如图1.5.3所示。这个步骤是还原拍摄时的白色背景，同时也调整了T恤由于白平衡误差而导致的色差。

④设置前景色为白色（R: 255，G: 255，B: 255），使用画笔工具，设置画笔大小为40像

素，硬度为70%，不透明度为60%，流量为60%。沿着T恤的左边边缘涂画出白色边线，如图1.5.4所示。

　　⑤变换设置画笔参数。设置画笔大小为100，硬度为100%，不透明度为100%，流量为100%。把背景的剩余灰色部分全部涂画为白色，如图1.5.5所示。保存图片即完成白底图制作。

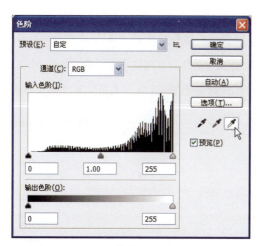

图1.5.2

图1.5.3

图1.5.4

图1.5.5

要点提示

　　①在步骤③中，可以多次取样，以求取最佳效果。

　　②在步骤④中，把图像放大几倍再仔细涂画，可以图画出白色边线而又不把T恤涂抹掉。画笔的参数也可适当调整。

▤ 知识窗

（1）通常在进行商品图片的背景调整时，会复制原图图层用以备份。

（2）图像产生偏色现象的原因之一是图像中黑白场定标不正确。黑场就是图像中最暗的点，白场就是图像中最亮的点。正确设置黑白场后，图像往往会产生让人眼前一亮的阶调层次变化，轻度的色偏也可以被校正。

（3）"色阶"对话框右边有3支吸管，分别为"在图像中取样以设置黑场""在图像中取样以设置灰场"和"在图像中取样以设置白场"工具。使用它们可以在图像中自定义黑白场，重新定义最暗颜色、最亮颜色以及中间调。色阶命令将根据这些设置，重新设置图像的色调。

活动2 更换背景颜色

活动背景

如图1.5.6所示是以黑色布面作为背景的可乐商品图片。可以看到商品的色彩是比较饱满的，但背景上暗下亮，比较杂乱。而且黑色显得瓶身较暗，不够突出。商品是曲线光滑的饮料瓶身，并且瓶颈有和背景相似的黑色部位。

活动实施

①在Photoshop中导入素材"电子素材/项目2/素材2.jpg"，按"Ctrl+J"快捷键复制背景图层。把背景图层可视隐藏。选择"钢笔工具" ，沿着商品边缘描绘出可乐瓶身的闭合路径，如图1.5.7所示。

②按路径调板的"将路径作为选区载入" ，或按"Ctrl+Enter"快捷键，将可乐瓶路径转为选区，如图1.5.8所示。

③按"Shift+Ctrl+I"组合键选择反向，如图1.5.9所示。

④按"Del"键，删除选区里的图案，如图1.5.10所示。按"Ctrl+D"快捷键，取消选区。

⑤新建图层，填充为白色（R：255，G：255，B：255）。把图层1移到背景副本图层下面。如图1.5.11所示。白底背景商品图制作完成，效果如图1.5.12所示。

图1.5.6

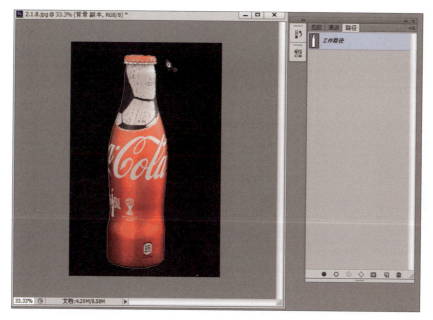

图1.5.7

图1.5.8

图1.5.9

图1.5.10

图1.5.11

图1.5.12

要点提示

在利用"钢笔"工具进行抠选商品时,锚点位置应该在商品边缘以内。如果锚点位置在商品边缘以外,则会留有白边。

任务6
精修与美化商品图片

情境设计

通过上一个任务,我们制作出来的白底商品图片,实现了突出商品的目的。如果商品清晰、美观,能够迎合顾客的心理期望,那么就能够吸引顾客单击图片继续了解商品信息,即获得高的点击率。我们需要对白底商品图片中的商品进行精修和美化。

任务分解

一张拍出来的商品图片,往往问题不止一项,所以同学们处理图片时需要综合运用所学技能,一定要根据自己商品特征和店铺需求来完成。

活动1　调整角度

活动背景

如图1.6.1所示的商品T恤由于拍摄时的角度问题，使得T恤在图片中左高右低，显得不够端正。

图1.6.1

☐ 知识窗

在淘宝店铺里的商品主图比例要求为1：1，也就是要求正方形的商品图片。

活动实施

①在Photoshop中导入素材"电子素材/项目2/素材3.jpg"。

②选择"裁剪工具" ⊟，参数设置如图1.6.2所示，裁剪效果如图1.6.3所示。

图1.6.2

③鼠标移到裁剪框右上角，待鼠标标志变为 ↰，如图1.6.4所示。旋转商品到合适角度，按下"提交当前裁剪操作"，如图1.6.5所示。效果如图1.6.6所示。

图1.6.3

图1.6.4

图1.6.5

图1.6.6

要点提示

在进行裁剪时,要善于利用网格进行调整。

活动2 消除色差

活动背景

在如图1.6.7所示中,商品T恤色差对比度较差,图案层次不分明,而且左亮右暗,与商品实物有色差,同时显得商品不美观,不吸引人。

图1.6.7

知识窗

（1）在图像菜单的调整项目中有多种图像色彩、色调调整选项，适合不同场合使用。

①色阶，快捷键"Ctrl+L"。调整图像的明暗度。

②亮度/对比度，快捷键"Ctrl+C"。对图像的色调范围进行调整。

③色相/饱和度，快捷键"Ctrl+U"。主要调整整个图像或图像中单个颜色成分的色相、饱和度与亮度。

④曲线，快捷键"Ctrl+M"。不但可以调整图像的亮度，还可调整图像的对比度和控制色彩等。

⑤色彩平衡，快捷键"Ctrl+B"。调整图像的整体色彩平衡。

（2）在色差调整中主要是调整色调、色相、饱和度和对比度。

①色调：指在各种图像色彩模式下图形原色（如RGB等）的明暗度，即亮度。色调有时也称为色阶，其范围一般为0~255，共计256种色调。

②色相：就是组成色彩的颜色。比如光由红、橙、黄、绿、青、蓝、紫等七色组成，每一种颜色就是一种色相。

③饱和度：指图像颜色的彩度。饱和度是以百分比来计算的，当饱和度变为0时，图像就成了灰色图像。

④对比度：指不同颜色之间的差异程度。对比度越大，两种颜色之间的反差越大。尤其是黑白两色差异最明显。

活动实施

①选择"魔术棒工具" ，设置容差为30，勾选消除锯齿和连续。在图片白色背景部位取样，如图1.6.8所示。

图1.6.8

②按"Shift+Ctrl+I"组合键选择反向，然后按"Ctrl+J"快捷键复制为新图层。图层调板显示如图1.6.9所示。

③选择"套索工具"，如图1.6.10所示，设置羽化为30像素，勾选消除锯齿。选择T恤右上部较暗的部位，如图1.6.11所示。按"Ctrl+L"快捷键调出"色阶"对话框，设置如图1.6.12所示。调整后的效果如图1.6.13所示。

图1.6.9

图1.6.10

图1.6.11

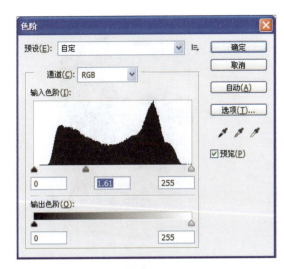

图1.6.12

图1.6.13

④按"Ctrl+L"快捷键调出"色阶"对话框,选择"在图像中取样以设置黑场",如图1.6.14所示。在T恤中选择希望调整为最黑点的部位取样,效果如图1.6.15所示。

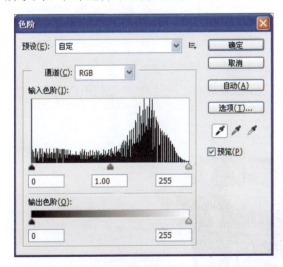

图1.6.14

图1.6.15

⑤选择"加深工具" ,设置参数如图1.6.16所示,在T恤的右上部位的边缘进行精修,如图1.6.17所示,保存图片。T恤精修效果如图1.6.18所示。

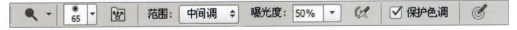

图1.6.16

图1.6.17

图1.6.18

要点提示

在利用色阶调整图片的色差和色彩层次的时候,应对照商品实物进行。

活动3 提高商品清晰度

活动背景

如图1.6.19所示商品T恤上的图案丰富,但拍摄出来却有点混杂,需要把清晰度调高一点,以便吸引顾客。

图1.6.19

□ 知识窗

　　USM滤镜用于调整图像边缘细节的对比度，并在边缘的每侧制作一条更亮或者更暗的线，以强调边缘和产生的模糊，在对话框中的"数量"用来表示锐化的程度；"半径"表示边缘像素周围受影响的像素数目；"阈值"表示作为边缘像素的条件，即像素的色阶与周围区域相差多少以上才被滤镜看成是边缘像素而加以锐化，该值为0时表示锐化所有像素。

活动实施

　　选择菜单"滤镜"→"锐化"→"USM锐化"，设置参数如图1.6.20所示，效果如图1.6.21所示。

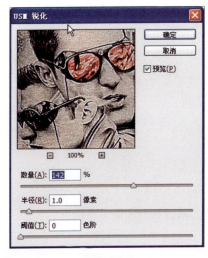

图1.6.20　　　　　　　　　　　　　　　　　　　　　　图1.6.21

项目总结

　　网店通过图片来展示所卖商品的外形和细节，一张好的商品图片除了能够还原商品原本的面貌之外，还能牢牢锁住消费者的目光，对你的商品甚至网店产生好感。但是，在商品拍摄过程中，难免受光线、技术、拍摄设备等因素影响，导致商品图片与实物出现偏差；通过该项目的学习，让学生掌握如何运用Photoshop对商品图片进行校正和修复，如何对商品图片进行抠图和替换背景，并达到精修和美化商品图片的目的。

自我测试

1.单选题

（1）通道的数量取决于图像的（　　　）。

    A. 图像模式　　　　B. 图层　　　　　　C. 路径

（2）按住（　　　）键，单击通道，能将通道转化成选区。

    A. Shift　　　　　B. Alt　　　　　　C. Ctrl

（3）选择"修复画笔"工具后，需要按住（　　　）键进行取样。

    A. Shift　　　　　B. Alt　　　　　　C. Ctrl

（4）下列（　　　）格式用于网店页面中的图像制作。

    A. EPS　　　　　B. PSD　　　　　C. TIFF　　　　　　　D. JPEG

（5）当编辑图像时，使用减淡工具可以达到何种目的？（　　　）

    A. 使图像中某些区域变暗　　　　B. 删除图像中的某些像素

    C. 使图像中某些区域变亮　　　　D. 使图像中某些区域的饱和度增加

（6）"Ctrl+I"是以下哪个操作的快捷键？（　　　）

    A. 色阶　　　　　B. 曲线　　　　　C. 色相/饱和度　　　　D. 色彩平衡

2.多选题

（1）下面是创建选区时常用的功能，哪些是正确的？（　　　）

    A. 按住"Alt"键的同时单击工具箱的选择工具，就会切换不同的选择工具

    B. 按住"Alt"键的同时拖拉鼠标可得到正方形的选区

    C. 按住"Alt"和"Shift"键可以形成以鼠标落点为中心的正方形和正圆形的选区

    D. 按住"Shift"键使选择区域以鼠标的落点为中心向四周扩散

（2）在套索工具中包含哪几种套索类型？（　　　）

    A. 自由套索工具　　　　　　　B. 多边形套索工具

    C. 矩形套索工具　　　　　　　D. 磁性套索工具

（3）下列哪些工具可以在选项调板中使用选区运算？（　　　）

    A. 矩形选择工具　　　　　　　B. 单行选择工具

    C. 自由套索工具　　　　　　　D. 喷枪工具

（4）变换选区命令可以对选择范围进行哪些编辑？（　　　）

    A. 缩放　　　　　　　　　　　B. 变形

    C. 不规则变形　　　　　　　　D. 旋转

（5）在Photoshop中建立新图像时，可以为图像设定（　　）。

　　A. 图像的名称　　　　　　　　　B. 图像的大小

　　C. 图像的色彩模式　　　　　　　D. 图像的存储格式

（6）以下选项哪些可以用来调整色差?（　　）

　　A. 色阶　　　　B. 曲线　　　　C. 色相/饱和度　　　　D. 色彩平衡

3.判断题

（1）在Photoshop中，双击图层调板中的背景层，并在弹出的对话框中输入图层名称，可把背景层转换为普通的图像图层。　　　　　　　　　　　　　　　　（　　）

（2）在Photoshop中，魔棒工具可以"用于所有图层"。　　　　　　　（　　）

（3）在Photoshop中，在图层调板上背景层是不能上下移动的，只能是最下面一层。（　　）

（4）在Photoshop中，所有层都可改变不透明度。　　　　　　　　　（　　）

（5）在Photoshop中，从打开着的文件上可以看出文件的分辨率。　　（　　）

（6）在Photoshop中，提高商品清晰度可以使用"锐化滤镜"。　　　　（　　）

4.简述题

背景图层不能应用图层样式，只有将其转换为普通图层后才能应用。怎样将背景图层转换为普通图层?

5.操作题

请找一张本人的电子照片，用以上所介绍的操作方法对照片进行美化，然后以小组为单位找出一张处理最佳的照片进行公开展示。通过对比，讲解原照片存在的问题以及处理的方法。

项目 2
网上店铺装修

☐ 项目综述

　　店铺装修，是个人设计的艺术体现，也是店铺经营的一种手段。如能将店铺装修得符合商品特色、吸引顾客眼光，商品交易量就会不断提升，因此加强店铺装修是做好网店运营的重要条件。淘宝的店铺风格非常丰富，有简洁清爽的，也有鲜艳瑰丽的。不同风格的店铺装修，表现出不同的商品特质。确定店铺装修风格、配色方案之后，就要进行店铺首页的装修了。店铺首页装修，分为基础模块和添加模块装修。基础模块包括店铺招牌、导航栏、搜索栏、宝贝分类、友情链接、自定义内容区、掌柜推荐宝贝、宝贝推广区。

☐ 项目目标

　　学习完本项目后，你将能够：

知识目标

◇认识店铺的布局，与装修流程。

◇了解店铺风格，以及网店装修的重要性。

◇学习不同网店装修配色、排版知识。

技能目标

◇能够制作店铺LOGO，店招。

◇能够根据店铺需求制作宝贝主图、直通车主图或广告图。

◇掌握网店视觉营销的基本方法。

◇学会图片的切割与优化。

情感目标

◇培养学生的审美能力。

◇倡导网络文明，自觉抵制低俗营销。

任务1
网店装修流程

情境设计

Anna是一名二年级学生，这学期学校开了一门网店运营实训课程，要求每位同学都要开一间淘宝店，可以通过阿里巴巴等各种渠道采购商品，上架到淘宝店，开展网店运营。Anna和舍友们一起商量开一间淘宝店，在已注册开好网店后，接下来就打算进行网店装修，那网店装修应该从哪里开始呢？

任务分解

Anna之前在学校没有学过网店装修的相关流程，平时就是爱逛淘宝店，现在要自己来装修网店，一时不知从何开始。为了尽快学会网店装修，Anna和舍友们开始一边浏览各大销量好的淘宝店装修界面，一边查找关于网店装修的书籍。

活动　网店装修的前期准备

活动背景

设计与装修网店是网上开店必不可少的一步，好的网店装修不仅可以体现网店风格，吸引客户浏览，方便买家操作，还能获得买家的好印象和认同感，是网店成功运营中非常重要的一个因素。Anna和同学们在思考进行网店装修前要做好什么准备呢？

🖥 知识窗

影响网络消费者下单的因素

当网络消费者进入一个网店后，最终是否会下单购买网店中所展示的商品是受到很多因素影响的，如商品质量是否有保证，物流速度如何，售后服务怎样等，这些都是需要通过网店装修来解决。要想让商品的展示变得足够吸引网络消费者，需要对商品图片进行美化处理，才能更好地抓住网络消费者的视线，激发消费者的点击欲和购买欲。

调查显示，买家决定是否购买，最关心的因素包括宝贝图片、宝贝描述（参数、性能、属性等）、服务承诺、质量保障、描述可信度与专业度、使用说明、注意事项、快递事项、真实评价、优惠政策、客服态度、店铺信誉、店铺装修等13项，如图2.1.1所示。

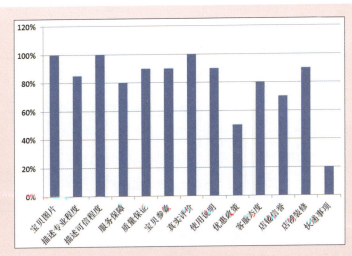

图2.1.1

　　要做好网店装修, 运用视觉营销来引发网络消费者的购买冲动, 提高网店商品点击率和销量是关键之处。

活动实施

1.选择网店主营商品

　　策划新店开张的营销思路, 在网店中选择合适的1~3款主营商品, 完成表2.1.1的内容填写。

表2.1.1　主营商品的营销分析

项目	商品名称	商品介绍	商品营销的特色
产品一			
产品二			
产品三			

　　以学习小组的形式, 4~6人一组, 把搜索选好的商品进行讨论, 组合整理, 选择其中比较满意的主营商品。各小组共同分享并讨论学习的成果, 在老师的指导下, 进一步开展网店装修的初步设计。

2.拍摄你选中的商品图片

　　以学习小组的形式, 采购本组选好的主营商品, 在小组现有的条件下进行拍摄。拍摄完后, 在老师的指导下对每组拍摄的图片进行分享交流。各组选出大家认为可以作为网店使用的商品图片, 上交给老师。老师把每组收集的商品图片进行赏析, 教会学生如何拍摄网店商品图片,并做好选片。

3.设计网店的商品的主、副图

采用小组拍摄的商品图片和根据商品的营销卖点,进行小组讨论合作,确定网店装修的主色调和配色,参考表2.1.2网店首页的设计项目明细,完成自己小组的网店装修设计方案。

成立学习小组,以4~6人一小组,进行素材规划设计,讨论完成网店设计方案。在老师的指导下,进行设计方案赏析,教会学生如何进行网店装修设计的构思。

表2.1.2　网店首页设计项目明细

首页设计:
个性店招设计(1 920像素×120像素)+2商品+二维码
店铺主题形象海报(3张)
首页分类导航
950像素通栏客服(1个)
950像素通栏分类(1个)
1 920像素通栏商品促销海报(1张)
当季主推单个商品展示设计(8个)
1 920像素通栏商品促销海报(1张)
新品推荐单个商品展示设计(10个)
(可按类目主推或全店主推)
950像素促销海报轮播(两张)
商品个性展示样式(两种)
页尾设计通栏(1 920像素×500像素以内)
效果图:
首页效果设计方案1个(可在原基础上修改)
商品照片排版方案1个(可在原基础上修改)
描述页面:(公共模块)
描述页商品海报(两张以上)
热卖推荐模块(1个)
描述分类标题设计
宝贝描述:
商品图片排版设计
购买须知排版(公共模块)

续表

邮寄说明排版（公共模块）
宝贝描述爆款商品设计1款（一个月后增加）
其他页面：
品牌故事页面设计（高3 000像素以外）
其他自定义二级页面1个（所有业务做好后需确定给我方）
代码类：
装修代码制作，调试安装

活动评价

Anna通过网上搜索网店装修的资料，初步了解了网店装修的流程，首先选好网店的主营商品，再根据商品来确定店铺装修的风格，最后拍摄商品图片和收集与店铺装修风格相关的素材。另外，还需要在各大电商网站上搜集优秀店铺的装修特点，对比并分析网店装修的关键点，以便更好地规划好自己的网店。

》》》》》 任务2
网店装修整体风格

情境设计

Anna在学校工业中心的创业空间中，与一家做日用文具品的商家谈妥了代销渠道，已经拍摄了商品图片，准备确定网店的设计风格，制作商品详情图并上架商品。可是，怎样确定网店装修整体风格呢？

任务分解

Anna分析了商家提供的文具样品，又在淘宝网上搜索了几家卖文具商品的店铺，对比、分析了它们的装修风格，定位好自己的网店经营理念，收集装修素材，再选好主色进行搭配设计。

活动　设计网店装修风格和版面布局

活动背景

网店装修与实体店装修不同, 网店的显示界面是有限的, 商家要在有限的页面内把商品的各个方面都展示给顾客是不可能的。在网店装修过程中, 商家就要合理安排页面中的元素, 做好规划, 在限定的空间内尽可能地将网店的活动和商品信息传递给顾客。如何做好网店装修设计规划呢?

🖽 知识窗

网店的装修风格在一定程度上是代表着店铺的经营特色, 定位准确而又美观大方的装修风格不但可以带给顾客美好的视觉感受, 而且能提升店铺品味, 吸引更多的潜在消费者, 从而达到引导并促进顾客下单的目的。那么, 网店装修一般包括不同背景、商品图像、文字、色彩等的搭配设计。

活动实施

1. 网店装修设计的组成要素

良好的布局可以让整个页面更有观赏性, 并且能让画面中的信息更容易被顾客所了解和接受。在网店装修之前, 无论是店铺主页还是商品详情页的设计, 在确定页面的整体布局后, 为了让整个设计流程更加流畅, 首先要学会抓住版面中较大的一块, 将其位置确定下来, 然后对它进行细节的设计, 最后确定画面中其他各部分组成要素的位置和信息。通过合理安排将商品要表现的信息完整地传递出来。对网店进行装修时, 需要根据装修风格对画面进行规划, 切记不要东拼西凑, 否则容易导致装修页面中的元素显得杂乱, 不利于商品的展示。首页的设计安排如图2.2.1所示。

2. 在网店装修中不同元素的尺寸设计

网店装修最关键的两个页面就是首页和商品详情页。首页决定了顾客对店铺的第一印象, 商品详情页决定顾客是否会对商品产生购买欲望。在网店首页中, 需要装修的区域包括店招、导航、客服、收藏区等内容, 商品详情页中则包括橱窗照、商品的分类、商品细节描述等。为了让顾客得到最佳的浏览体验, 网店中对不同模块的图片尺寸有着不同的要求, 见表2.2.1。

图像：主要是指一些商品展示图片、模特展示图片或营销主题广告图等。因此，将装修这一区域的图像，要进行一定的组织和编排，营造出特定的营销氛围，直观地表现店铺活动。

文字：主要是对商品信息进行补充说明。它的设计风格是依据店铺活动风格来决定。在一个页面中，文字不但可以传递商品信息，还可以起到美化版面的作用，使店铺的设计画面更美观。

背景：需要根据店铺的活动、商品特点以及营销主题风格来确定。背景图设置得好，不但可以让版面显得更专业，而且能让整个店铺风格独特，以加深顾客对店铺的印象。装修时，可以使用纯色、商品大景图、图像等充当背景。

留白：将版面背景、商品图像、文字设计好后，余下的部分将会留白，必要的留白部分，会让页面具有一定的视觉空间感，不密集，有秩序。

图2.2.1

表2.2.1　淘宝店铺装修图片尺寸表

图片	尺寸	图片	尺寸
主图	800像素×800像素	旺旺自定义图片	宽度750像素，高度不限
店招	950像素×120像素	橱窗照	310像素×310像素
导航	950像素×30像素	商品细节描述	宽度750像素，高度不限
欢迎模块	宽度950像素（全屏宽度1 920像素），高度不限	公告栏	宽度480像素，高度不限
商品分类	宽度150像素，高度不限	左侧模块（收藏模块）	宽度190像素，高度不限
旺旺图标	80像素×80像素	右侧模块	宽度750像素，高度不限

要点提示

常见的网店装修设计误区。

在了解并确定了装修风格后，在设计过程中要仔细观察，避免进入装修的误区，见表2.2.2。

表2.2.2　常见的网店装修设计误区

误区	误区现象
图片尺寸过大	图片是丰富店铺装修的必要素材，但切勿将过大尺寸图片放入网店中，会导致页面加载速度过慢，客户失去等待的耐心，流失目标客户
布局过于复杂	过于复杂或不合理的布局会让顾客眼花缭乱，从而关闭网页
色彩搭配太多，画面凌乱	网店装修的颜色不宜过多，有一个固定的配色方案，一般用三个主色调
过多使用模特图片	很多网店在装修的过程中都会用到模特图片来展示商品，但过多使用模特图片会给客户造成信息重复的印象
添加不合理的水印	有些商家为了避免商品图片被盗用，会给商品添加个性化水印。在设计水印时，需要考虑水印的图像位置、大小，过大或过小都会影响商品展示

3. 网店装修的版面布局

网店的版面布局设计做得好，能够更快、更准确地传达信息，是提高店铺点击率和商品销量的一个重要关键点。在网店装修时，可以将商品页面的组成要素进行合理安排，组成各种不同的版面编排形式，以此来体现店铺的特色，从而达到吸引顾客的目的。

网店的版面布局往往具有一定的视觉引导，引导网络消费者对网店商品浏览，将消费者的视线集中到要购买的商品上。目前网店装修的布局大多为单向性版布局如图2.2.2所示、S曲线型版面布局如图2.2.3所示和对称性版面布局如图2.2.4所示3种。

4. 网店装修的设计风格

网店的装修风格在一定程度上展示了店铺的经营理念和品位。定位准确而又美观大方的装修风格不但可以带给客户美好的视觉感受，而且能提升店铺品味，吸引更多的潜在消费者，增加顾客浏览的时间，从而达到引导并促进顾客下单的目的。所以，在网店装修之前，需要根据商品的特征来定义装修的风格，如图2.2.5所示。

图 2.2.2

图 2.2.3

图2.2.4

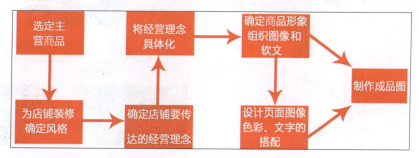

图2.2.5

网店的装修风格主要是围绕网店主营的商品特点来定位的，进而去确定店铺要传达的经营理念，再将经营理念具体化，所以在装修前需要收集相关的装修素材，包括商品的拍摄图、装饰页面的图形、商品软文等。通过对素材的分析与安排，有序地组织与设计页面图像、色彩、文字，就可得到美观而统一的成品图，如图2.2.6所示。

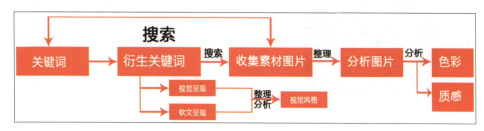

图2.2.6

目前，网店装修中常见的风格有清新唯美风格如图2.2.7所示、经典复古风格如图2.2.8所示、炫酷时尚风格如图2.2.9所示或根据节日营销主题如图2.2.10所示而定期更换的风格。通过对比色可以发现，这些图片在商品元素搭配和色彩搭配上都有各自不同的表现形式和风格，特别是现在的各个电商营销节，通过节日气氛去定期更换网店的装修风格，会给消费者带来新的感受，新的视觉冲击。特别是引用节日气氛的红色主调，即加强了活动的宣传力和表现力，又让画面增添了喜庆气息，使其更有吸引力。

图2.2.7

图2.2.8

图2.2.9

图2.2.10

5. 了解网店美工行业现状

利用互联网搜索网店美工的现状与就业前景。

以小组为单位，4～6人一组，把同学们搜索的内容进行分析汇总，归纳出较为全面的美工就业现状。各小组共同分享、整理成果，在老师的引导下，进一步加深对网店美工行业的就业现状与前景有更多的认识。

6. 总结成为一名优秀美工的必备技能

根据对网店美工行业的调查与分析，通过与淘宝店家的沟通，进行小组讨论，总结一名优秀美工的必备技能。小组根据总结的必备技能，进行头脑风暴，在日后的学习生活中，如何培养这些技能，写下大家的想法和行动。

活动评价

Anna和同学们通过活动，已经对网店美工设计有了更深入的认识，明确了网店设计的几大要素，为接下来开始网店装修设计做好了准备。

任务3
制作店铺LOGO

情境设计

> 为了尽快设计好LOGO，Anna先去了解淘宝网对LOGO的要求。Anna了解到：淘宝LOGO的尺寸为80像素×80像素，大小为80 kB以内，支持的格式为gif、jpg和png；可以是静态也可以是动态的LOGO。主题通常可以展示店名和店铺的风格，也可以展示店铺的主营业务。由于之前没有做过设计方面的任务，Anna觉得有些无从下手。

任务分解

> Anna找到老师，说明自己的困惑。老师指点Anna，可以先看看其他网店的LOGO学习参考。再根据自己网店的店名和主营商品、目标人群喜好来进行设计。Anna团队讨论确定了完成任务的步骤：了解LOGO的分类、制作店铺LOGO。

活动1 了解LOGO的分类

活动背景

要设计一款适合自己店铺特征、风格的LOGO，首先你需要了解LOGO的分类，对优秀的LOGO案例进行学习。

活动实施

①在淘宝网中键入搜索关键词"男装"，搜索店铺，如图2.3.1所示。

图2.3.1

②在搜索结果页面中找到各个经营男装店铺的LOGO，可以见到LOGO在搜索项的第一位，如图2.3.2所示。

③把各家男装店铺的LOGO分类汇总，分析LOGO的分类。

由于LOGO的尺寸只有80像素×80像素，为了突出主题，通常使用纯色底色；为了表达清晰，内容要简洁，图案不要过于花哨。从表现形式分为：

中文或英文店标，如图2.3.3所示。

图2.3.2

图2.3.3

中英文混合店标，如图2.3.4所示。

图2.3.4

图形店标，如图2.3.5所示。

图2.3.5

图形加文字店标, 如图2.3.6所示。

图2.3.6

活动评价

Anna了解完LOGO的分类, 心里开始有了设计的想法, 准备开始执行下一步计划。

活动2　制作店铺LOGO

活动背景

网店经营图瑞斯品牌男装, 店名为"图瑞斯TURX欧美休闲店"。已经确定好店铺风格, 并了解完LOGO分类, Anna决定制作一款中英文混合店标。

🗂 知识窗

色彩的心理感受

通常而言, 不同的颜色对应不同的心理感受。而且每种色彩在饱和度、透明度上略微变化就会产生不同的感觉。

●红色: 是喜庆欢乐的色彩。具有刺激、强有力的效果, 容易使人产生冲动、愤怒、热情、活力的感觉, 是一种雄壮的精神体现。

●橙色: 是一种激奋的色彩, 具有轻快、欢欣、热烈、温馨、时尚的效果。

●黄色: 是色彩亮度最高的色彩, 有温暖感, 具有快乐、希望、智慧和轻快的个性, 给人灿烂辉煌的感觉。

●绿色: 介于冷暖色中间, 给人和睦、宁静、健康、安全的感觉。和金黄、淡白搭配, 产生优雅、舒适的气氛。

●蓝色: 最具凉爽、清新, 专业的色彩。和白色混合, 能体现柔顺、淡雅、浪漫的气氛, 给人平静、理智、永恒、博大的感觉。

●紫色: 女性大多喜欢紫色, 给人神秘、高雅、娇艳、温柔的感觉。

●黑色: 给人深沉、神秘、寂静、悲哀、压抑的感觉。

- 白色：给人简洁、明快、纯真、清洁的感受。
- 灰色：给人中庸、平凡、温和、谦让、中立和高雅的感觉。
- 黑和白色：不同时候给人不同的感觉，黑色有时感觉沉默、虚空，有时感觉庄严、肃穆。

白色有时感觉无尽希望，有时却感觉恐惧和悲哀。

活动实施

①打开素材"电子素材/项目2/蓝色底3.jpg"，使用裁剪工具，设置宽为80像素、高为80像素，分辨率为150像素/英寸。在图片左上角进行剪裁，如图2.3.7所示。

图2.3.7

②保存时改文件名为"LOGO"。按快捷键"Ctrl+L"调出"色阶"对话框，设置如图2.3.8所示，效果如图2.3.9所示。

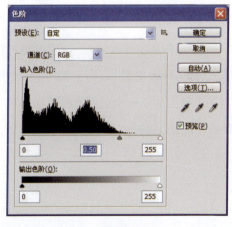

图2.3.8

图2.3.9

③选择文字工具，设置参数如图2.3.10所示，颜色为白色并输入文字"TURS"。

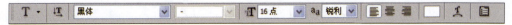

图2.3.10

④选择文字工具，设置参数如图2.3.11所示，颜色为黄色并输入文字"图瑞斯"。把两行文字居中，调整其位置，LOGO效果如图2.3.12所示，保存为jpg格式。

图2.3.11

图2.3.12

活动评价

Anna做完店铺LOGO以后，发现优秀案例的学习对自己很有帮助，所以决定以后看到好的图片都收集起来，从中寻找灵感。

〉〉〉〉〉〉〉 任务4
制作店招

情境设计

设计好LOGO，Anna很有成就感。对接下来的制作店招充满信心，决定趁热打铁，马上设计制作店招和导航条。Anna询问老师，店招为什么重要？老师回答，店招会出现在店铺每个页面的最上端。也就是说，买家浏览店铺里的任一个页面都会看到店招，店招是店铺留给顾客的第一印象，并且可以重复给予印象。同时为了方便客户浏览网店，快速找到想要的商品，需要设置好导航条。

任务分解

经过了LOGO的设计制作过程，Anna认为店招也可以使用相同的步骤。Anna把自己的想法告诉老师，得到了老师的认可。即先看看其他网店的店招，学习参考后，再根据自己网店的店名和主营商品、目标人群喜好来进行设计。Anna团队讨论确定了完成任务的步骤：确定风格、收集素材、设计制作店招。

活动1　确认风格和搜集素材

活动背景

网店经营图瑞斯品牌男装，店名为"图瑞斯TURX欧美休闲店"。已经设置好了网店首页模板，首页的布局，设计好LOGO，现需要设计店招。

⊟ 知识窗

店招上可以有店铺名、店铺LOGO、店铺SLOGAN、收藏按钮、关注按钮、促销产品、优惠券、活动信息/时间/倒计时、搜索框、店铺公告、网址、第二导航条、旺旺、电话热线、店铺资质、店铺荣誉等一系列信息。要根据自身需要进行内容的挑选和排版，才能使信息清晰有效地传达到客户身上。

活动实施

1. 了解店招分类

● 宣传品牌为主的店招。这类店招主要内容是店铺名、店铺LOGO。因为这是品牌宣传的最基本的内容；其次是关注按钮、关注人数、收藏按钮、店铺资质。通常不会出现店铺活动、促销等折扣的信息。如图2.4.1所示的两个案例。

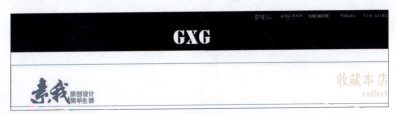

图2.4.1

● 活动促销为主的店招。这类店铺的特点是店铺活动、流量集中增加，有别于店铺正常运营。所以店招首要考虑的因素是活动信息/时间/倒计时、优惠券、促销产品等活动或者促销信息；其次才是店铺名、店铺LOGO、店铺SLOGAN等品牌宣传为主的内容。这种类型的店招，不管是氛围设计还是内容展现，都要让活动信息占据更大的篇幅，否则顾客对店铺的信息关注反而会降低。如图2.4.2所示的两个案例。

● 商品推广为主的店招。店铺特点是有主推商品、想要主推一款或几款商品。在店招上，这类店铺要主打促销商品、促销信息、优惠券、活动信息等促销信息；其次是店铺名、店铺LOGO、店铺SLOGAN等品牌宣传为主的内容。如图2.4.3所示的两个案例。

图2.4.2

图2.4.3

● 随意设计的店招。这一类店招制作者设计上比较随意，把文字或图片直接放上店招就算数了，没有进行有效排版。难以给人留下深刻印象，这也是目前大多数淘宝店家的通病，如图2.4.4所示。

图2.4.4

2. 根据店铺自身情况进行风格挑选

Anna的店铺经营男装，刚刚开业，暂时还没有热销的商品和优惠促销活动。所以挑选第一种类型宣传品牌为主的店招，用文字突出品牌和店名。

在淘宝网进行学习资料搜集，收集一些宣传品牌为主的店招，如图2.4.5所示。为了使效果更突出，文字更醒目，选择使用中心构图。结合已经设计制作好的LOGO，考虑使用相同的底纹。明确店招尺寸，在淘宝免费旺铺里，页头高为150像素，包括有30像素的导航条。所以店招设计高为120像素、宽950像素上传到淘宝网最合适。

图2.4.5

活动评价

Anna已经确定店招是以宣传品牌为主,用文字突出品牌和店名。那么接下来就要搜集这类店招,进行学习分析和参考,再结合自己店铺的具体情况进行设计。

活动2 设计店招

活动背景

已经确定店招是以宣传品牌为主,用文字突出品牌和店名。使用中心构图。选择与LOGO相同的底纹,达到风格一致的效果。设计制作如图2.4.6所示店招。

图2.4.6

活动实施

①新建文件,命名为"图瑞斯店招",参数设置宽度为950像素、高度为120像素,分辨率为72像素/英寸。

②打开"电子素材/项目2/蓝色底纹3"文件,使用移动工具把底纹拖动到"图瑞斯店招"文件里;按住"Alt"键,拖动图层1,复制3次,调整好位置,效果如图2.4.7所示。

图2.4.7

③选择"图层1副本",按快捷键"Ctrl+T"自由变换,单击鼠标右键选择"水平翻转";选择"图层1副本3",按快捷键"Ctrl+T"自由变换,单击鼠标右键选择"水平翻转",合并图层,最终效果如图2.4.8所示。

图2.4.8

④按快捷键"Ctrl+L"打开"色阶"对话框, 调整其参数如图2.4.9所示, 效果如图2.4.10所示。

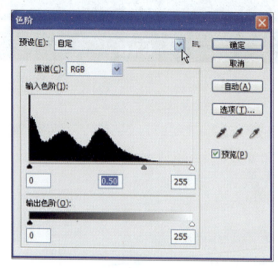

图2.4.9

图2.4.10

⑤使用如图2.4.11所示的参数设置输入文字"TURX", 使用如图2.4.12所示的参数设置输入文字"图瑞斯", 使用如图2.4.13所示的参数设置输入文字"美式街头休闲文化领衔者"。注意: 文字内容放在中间偏上的位置。

图2.4.11

图2.4.12

图2.4.13

⑥使用直线工具，大小为1像素，颜色（色值#c8c8c8）。绘制直线，并用橡皮擦工具擦去中间部分。拉出一条垂直参考线到650像素，调整文字位置效果如图2.4.14所示 。另存为"图瑞斯店招.jpg"。

图2.4.14

任务5
制作商品主图

情境设计

如图2.5.1所示，这个售卖男士T恤的淘宝网店，使用黑色作为店铺背景，主图配合使用铁塔中心渐变灰黑色背景，形成了硬朗、潮酷的风格，符合商品的潜在目标顾客年轻男士的审美观，同时符合目标顾客的装扮心理预期。

图2.5.1

如图2.5.2所示，主图中除了商品T恤外，还搭配了墨镜、杂志和手机，贴近目标顾客的生活状态或生活向往，并突出了商品潮流时尚的风格。

如图2.5.3所示，主图背景分为两部分加上T恤的倒影，通过细腻的立体感建立商品T恤的优质感。

图2.5.2   图2.5.3

任务分解

通过以上图例，我们可以看到，一幅高质量的主图能够很好地突出和完善店铺的风格；能够营造出目标顾客期望的使用效果画面；能够有效地提升商品质感，从而吸引顾客点击了解，进而达到销售的目的。在这个任务中我们将分步骤学习制作商品主图。

活动1　了解主图规格

活动实施

①进入天猫首页，在右上角选择"商家支持"→"帮助中心"，单击进入，如图2.5.4所示。

图2.5.4

②选择"商家帮助"→"店铺开通及基础管理"→"商品发布"，单击"商品发布"，再在页面中选择"天猫商品主图发布规范"，如图2.5.5所示。找到天猫对主图的设计要求，如图2.5.6所示。

图2.5.5

图2.5.6

③对商品所属类目进行详细的了解。以服饰为例，选择"商家帮助"→"规则与违规举报"→"行业商品规则"，单击"行业商品规则"，再单击页面的"天猫行业标准"→"服饰行业"，如图2.5.7所示。

图2.5.7

④在跳转的页面寻找关于商品图片的规范，如图2.5.8所示。

图片发布规范：

——主图必须为实物图且须达到5张，并且每张图片必须大于等于800*800，其中服装类目商品的主图必须达到6张，且宝贝整图的尺寸必须大于等于800*1200。

——主图不得拼接，不得出现水印，不得包含促销、夸大描述等文字说明，该文字说明包括但不限于秒杀、限时折扣、包邮、"折、满"送"等，商标所有人可将品牌LOGO放置于主图左上角，大小为主图的1/10寸；每婴服饰类目商品仅第二张主图需满足上述内容。

——服装类目商品（不包括内衣类目下的短裤/打底裤/丝袜/美腿袜、内裤、吊带/背心/T恤、抹胸、肚兜、乳贴、眉带、吊袜带、插片/胸垫、搭扣类目商品）的宝贝整图必须是模特或商品的正面全貌实物图，且模特全貌图的要求如下：

女装、内衣类目商品：

（1）上装：从头到脚或从头到膝盖

（2）下装：从腰到脚或从头到脚

（3）套装：从头到脚（内衣类目商品也可从头到膝盖）

男装类目商品：

（1）上装：从头部到大腿中部

（2）下装：从腰部到脚

（3）套装：从头到脚

——服装类目商品第一张主图和宝贝整图，如果是模特全貌图，只展示一个模特，不允许出现多个模特（情侣装、亲子装除外）；如果是商品全貌图，要求商品平铺不能折叠(内衣类目商品除外)。

——内衣类目商品第二张主图必须是白底单一商品图且居中，整张图片白色背景的占比须超过45%。

图2.5.8

要点提示

要关注天猫的规则更改公告，实时跟进，制作出符合规则的主图。如果主图制作违反天猫规则，会出现商品不予发布的后果，影响后续的商品销售。

活动2　制作白底文字主图

活动背景

如图2.5.9所示，主图清爽，制作简单，使用文字突出商品卖点。

潮牌设计修身T恤　只售**68**元

图2.5.9

☐ 知识窗

安装字体步骤如下：

①单击"开始"→"控制面板"，如图2.5.10所示。调出"控制面板"，找到"字体"，如图2.5.11所示。

图2.5.10

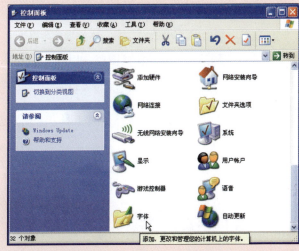

图2.5.11

②如图2.5.12所示，双击"字体"调出字体文件夹，把字体文件复制到该文件夹，计算机即会自动安装字体。

图2.5.12

活动实施

①启动Photoshop程序，新建一个800像素×800像素的图片文件，导入素材"电子素材/项目2/T恤.jpg"。

②按"Ctrl+T"快捷键，对T恤进行自由变换，设置如图2.5.13所示。

图2.5.13

③调整T恤到适当位置。新建图层，使用 ▦ 矩形选框工具，高度为100像素，填充颜色灰蓝色（R: 0, G: 47, B: 100），效果如图2.5.14所示。

④新建图层，使用 ▱ 多边形套索工具，建立多边形，填充橙黄色（R: 247, G: 211, B: 9），位置如图2.5.15所示。

⑤使用 T 文字工具，输入文字"潮牌设计修身T恤"，按 ▤ 调出"切换字符和段落面板"，调整文字大小、字体位置，如图2.5.16所示。

⑥再输入文字"只售68元"，切换字符和段落面板调整参数，效果如图2.5.9所示，保存文件。

图2.5.14

图2.5.15

图2.5.16

要点提示

在主图里的文字字体不超过3种，颜色一般也不超过3种。

活动3 制作功能场景主图

活动背景

如图2.5.17所示，主图背景立体感强、层次丰富，营造了潮酷风格，切合了目标顾客的心理需求。

图2.5.17

活动实施

①启动Photoshop程序，新建一个800像素×800像素的图片文件，导入素材"电子素材/项目2/素材T恤.psd"文件，新建图层，命名为黑条纹。选择 ✋ 油漆桶工具，设置参数如图2.5.18所示，填充"灰色犊皮纸"图案。

图2.5.18

②按"Ctrl+L"快捷键，调出"色阶"对话框，设置参数如图2.5.19所示。把"黑条纹"图层下移一层，效果如图2.5.20所示。

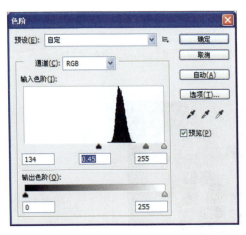

图2.5.19

图2.5.20

③新建图层，命名为"大白圈"。使用 ⬭ 椭圆选框工具，设置羽化：100像素，样式：固定大小，宽度：900像素，高度：900像素。建立选区，填充为白色（R：255，G：255，B：255）。取消选区，把图层下移一层，效果如图2.5.21所示。

④新建图层，命名为"黑框"。使用 ⬚ 矩形选框工具，建立高为100像素，等图像宽度的选区，填充为黑色（R：0，G：0，B：0）。取消选区。新建图层，命名为"小白圈"。使用 ⬭ 椭圆选框工具，设置羽化：50像素，样式：固定大小，宽度：340像素，高度：210像素。建立选区，填充

为白色（R：255，G：255，B：255），如图2.5.22所示。取消选区。

图2.5.21   图2.5.22

⑤自由变换"小白圈"放大到适当大小，移动到黑框中间。调整图层顺序，效果如图2.5.23所示。

⑥复制T恤图层，命名为"倒影"。按"Ctrl+T"快捷键进行自由变换，右键选择"垂直翻转"。按"V"键使用移动工具，下移"倒影"图案，如图2.5.24所示。

图2.5.23   图2.5.24

⑦在"倒影"图层上添加蒙版，做黑白渐变，渐变大小和位置如图2.5.25所示。调整"倒影"图层不透明度为29%。制作完成时各个图层上下顺序如图2.5.25所示。主图完成效果如图2.5.17所示。

要点提示

①背景里依靠两个羽化的白圈来达到立体效果，这两个白圈的大小和羽化像素可以根据自己需要进行调整。

②一般是根据商品在店铺里的类别和定位，分别制作对应的背景模板。使用时加入商品即可。

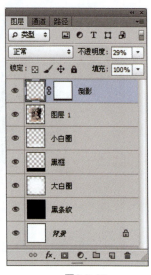

图2.5.25

任务6
直通车广告图创意

情境设计

"太阳鸟服装有限公司" 的李经理，对设计师小邱前一段的设计大加赞赏，现在又交给小邱一个紧急的设计任务，为公司推出的一款新品促销纯棉T恤做淘宝直通车广告，要求突出特价包邮。这类的广告小邱已经得心应手了，因此他爽快地答应了。

任务分解

小邱之前已经帮 "太阳鸟服装有限公司" 做过很多关于网店的设计，对他们的风格要求已经有一定的把握，这次做的直通车广告虽然没有设计过，但这类的广告看得很多，现在小邱只需要把一些活动关键内容设计到广告图上就可以了。

活动　直通车广告图创意

活动背景

直通车是为淘宝卖家量身定制的，按点击付费的效果营销工具，实现宝贝的精准推广。那在众多的直通车广告中怎么去吸引客户去点击你的商品，这就是我们今天要学习的内容：如何设计进行直通车广告创意。

知识窗

1.商品直通车

如图2.6.1所示，在淘宝搜索的页面亮色部位则为直通车的展示处（淘宝搜索的右侧"掌柜热卖"），这就是商品直通车，这是针对单品所做的直通车。

图2.6.1

2.店铺直通车

如图2.6.2所示，亮色部位则为直通车的展示处（处于淘宝搜索右侧的"掌柜热卖"的下部"店家精选"），这是针对店铺做的直通车。

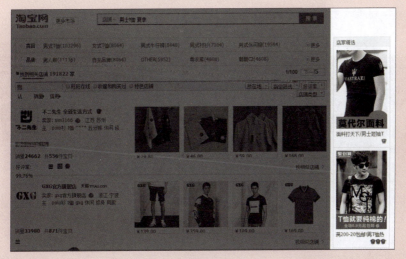

图2.6.2

活动实施

1. 任务分析

"太阳鸟服饰有限公司"是以经营时尚休闲男装为主的店铺,这次推出的是一款新款的纯棉印花T恤。产品本身就有印花,因此底图画面不宜太复杂,简洁的底图更能突出商品的本身。除了商品,重点需要突出价格优势,因此适合选用一些鲜明的色彩做底,突出文字。

图2.6.3

2. 材料准备

①适合的商品图片。

②广告语、广告词的文案。

先来看看最后的效果图,根据效果图我们来一步步完成画面中的要点,如图2.6.3所示。

3. 设计直通车广告

①启动Photoshop程序,新建一个宽度为800像素、高度为800像素的图片文件(此尺寸为淘宝店的标准尺寸)。

②导入图片素材。打开素材文件"电子素材/项目2/T恤.jpg",把图片中的T恤去底后再根据实物适当地调整图片的亮度跟色彩,让T恤接近实物的颜色,如图2.6.4所示;调整完后把去底的图片拖曳到新建的文件中。

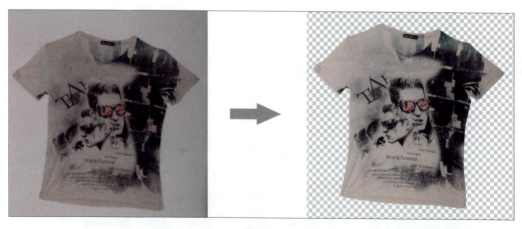

图2.6.4

③给新建文件添加渐变底色。为了突出商品又不让底图看上去太单调,我们为底色添加一个由白色向浅灰色的径向渐变,如图2.6.5所示。

图2.6.5

④根据效果图制作红色边角图。新建一个图层,用矩形选框工具画一个长条形的方框填充成红色到深红色的渐变色;复制该图层用自由变换适当调整大小放置左上角的位置,如图2.6.6所示。

图2.6.6

同样用复制图层和自由变换制作右下角的菱形,调整位置后用曲线功能把红色的渐变色颜色加深,接着在给该图层添加图层样式"投影",如图2.6.7所示;为了增加菱形的立体折叠的感觉，在菱形和下面红色长条形交接的位置再制作一个深红色的三角形，让整个图形看上去比较有整体感，如图2.6.8所示。

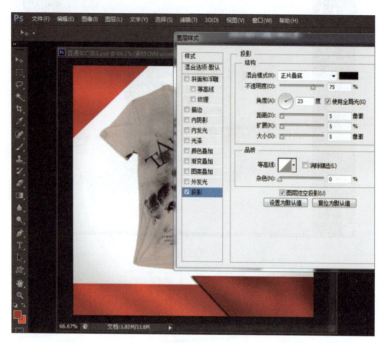

图2.6.7

图2.6.8

⑤编辑文字。根据文字的数量、重要程度调整文字的字体大小和位置。如图2.6.3所示，首先重点突出了价钱优势"79元"，采用了大而粗的字体；其次是"全国包邮"，字体的颜色选择了跟底色红色有很大对比的白色和黄色，既突出又不会觉得刺眼，最终达到很好的效果。

活动评价

虽然是周末加班完成的工作，但小邱对此次的任务完成得还比较顺利，在自己的淘宝相关设计中又增加了一个新的设计点，又有了新的收获。

项目总结

在制作LOGO、店招、导航条项目中，要根据店铺的定位，商品的风格种类来考虑使用什么色调，使用什么字体，选择多大的字号，什么颜色的文字，文字怎么摆放，怎么和背景搭配等一系列问题。对于没有美术和设计基础的初学者而言，要多浏览学习他人的作品，多看一些相关的书籍来提高自己的审美观和艺术欣赏能力。

自我测试

1.单选题

（1）下面哪种不是店标的表现形式？（　　　）

　　A.图形加文字标志　　　　　　　　　　B.中英文混合标志

　　C.图形标志　　　　　　　　　　　　　D.店铺标志

（2）淘宝店铺主图的标准尺寸是（　　　）。

　　A.600像素×600像素　　　　　　　　　B.800像素×800像素

　　C.900像素×900像素　　　　　　　　　D.100像素×100像素

（3）自由变换的快捷键是（　　　）。

　　A.Ctrl+O　　　　　B.Ctrl+T　　　　　C.Ctrl+V　　　　　D.Ctrl+D

2.多选题

（1）页头背景图的背景显示有以下哪些方式？（　　　）

　　A.平铺　　　　　　B.纵向平铺　　　　C.横向平铺　　　　D.不平铺

（2）店招的分类有（　　　）。

　　A.活动促销为主　　B.宣传品牌为主　　C.产品推广为主　　D.美观为主

（3）LOGO的图片格式可以是（　　　）。

　　A.gif　　　　　　B.jpg　　　　　　C.psd　　　　　　D.png

3.实操题

（1）请设计制作图像类型的LOGO。

（2）请设计制作图像文字混合类型的LOGO。

（3）为了迎接圣诞节，请利用以下素材设计制作圣诞节促销的"图瑞斯"店招。

素材2.1

素材2.2

素材2.3

素材2.4

项目 3
网店首页广告设计

▣ 项目综述

　　无论是在实体店还是网店，广告对商品的销售都有很大作用。消费者通过广告第一次登录网店，很难马上对网店的商品质量进行评价，但如果你的网店首页的广告有吸引力，能够给消费者留下较好的第一印象，消费者的内心就会趋向认同，那么才能继续留在你的网店中仔细浏览其他商品，达成最后的购买。因此做好网店首页的广告非常重要。

▣ 项目目标

　　学习完本项目后，你将能够：

知识目标

◇知道广告设计的标准。

◇了解广告的不同类型。

◇学习不同广告类型的设计方法。

技能目标

◇能够制作网店首页的轮播广告。

◇能够制作促销模板。

◇能够制作网店商品分类展示区。

◇能整体掌握全屏背景的制作。

情感目标

◇培养学生审美排版能力以及广告运用能力。

任务1
广告设计的标准

情境设计

刚刚从电子商务专业毕业的Sam，在设计网络广告之前，首先对网络广告的设计标准进行了深入的理论学习。

任务分解

一个优秀的网络广告能巧妙地展示主题、渲染气氛，具有比较强的感染力和说服力，让用户过目不忘，达到吸引用户目光，促进用户购买的目的。

活动　广告设计的标准

活动背景

Sam通过了解知道了网络广告是技术与艺术的结合，广告设计师最大限度地表现广告作品中的美感，达到更好的视觉效果。通过对成功案例的分析，能够追寻到其中的内在规律和共性。

🖻 知识窗

优秀的网络广告设计可以延长用户在网店的停留时间，用户在浏览商品页面时不容易感到视觉疲劳，也会更加细心地浏览商品页。精心设计的版式布局，文字的多样化设计、独特的风格、色彩的综合运用等都可以有效地吸引用户，实现提高销量/销售额的目的。

活动实施

一则成功的广告应满足以下7个基本要点。

1. 主题鲜明

在网络广告中，主题是广告作品的灵魂。网络广告的主题和商品的品质、性能等属性紧密结合，深度提炼的主题让用户在最短的时间内了解商品，如图3.1.1所示。

每一个促销广告都要有一个明确的主题，所有元素都围绕这个主题展开。主题可能是商品性能，价格或其他内容，将这些信息突出显示给用户。设计吸引用户的主题是网络广告的卖点。利用各种排版方法突出主题给用户留下深刻印象，并取得良好的宣传效果。

图3.1.1

2. 形式美观

一个网络广告能否吸引用户的注意力是广告成功与否的关键。在众多的网络广告中如何能快速吸引用户，最重要的是广告带给用户的视觉体验。有创意的设计、独具匠心的版面布局都可以带给用户良好的视觉印象，吸引用户的目光，如图3.1.2所示。

图3.1.2

3. 简洁明了

网络广告的设计必须直观且易于理解。由于现代的信息非常发达，用户不愿花更多的时间来解读具有复杂图形和大量文字的广告。使用简单直观的视觉元素，让用户在短时间内快速接收商品信息。同时，简单的形式产生强大的视觉冲击，在拥挤的网络广告环境中也更容易吸引用户，如图3.1.3所示。

4. 风格一致

在设计网络广告的时候尽量保持与总体风格一致，一个独特风格的网店会给用户留下深刻印象，在大脑中形成记忆符号，更有利于树立企业形象，如图3.1.4所示。

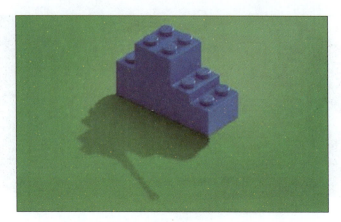

图3.1.3

图3.1.4

5. 色彩统一

色彩统一的画面给人以强烈的质感，让产品很好地融入背景中，简单的色彩搭配方案是用色不超过3种，如图3.1.5所示。

图3.1.5

6. 文字设计

文字是网络广告中的主要元素之一，主要用于企业名称、商品名称和商品说明等。汉字字体形式独特，含义丰富，不同的字体所表现的风格不同。如黑体、新魏等字体粗犷豪放；宋体、楷体等字体庄重典雅；行书、草书等字体飘逸潇洒。在设计网络广告过程中，应根据商品的属性来选择字体。如图3.1.6所示。

7. 版面布局

将文字、图片、色彩等可视化元素，按照一定的规则组合排列在版面上，使广告的版面达到美观的视觉效果，如图3.1.7所示。

图3.1.6

图3.1.7

一则成功的网络广告，不仅要把商品介绍给用户，也要把美感传播给用户，用户在接受网络广告信息的同时也更加直观地了解商品特性。

活动评价

Sam记住了成功的广告应满足的7个基本要点，并不断回想之前看过的优秀广告作品，开始有了对广告设计的一点思路。

任务2
设计制作轮播广告

情境设计

异食客电子商务有限公司是一家经营进口食品的公司，在淘宝C店出售各种糖果、薯片、饮料等进口食品，公司有自己的独立运作团队。

星期二一大早，设计师Sam刚把计算机打开，就接到内线电话："Sam，你到我办公室来一下，今天有个新任务交给你。"Sam赶紧走到经理办公室。原来是昨天商品部进了一批新包装的可口可乐，让Sam一天内完成一个针对这款商品的广告设计。

任务分解

Sam是本公司的员工，对公司的业务非常熟悉，这类针对单品的广告，主要是根据商品本身的特征来进行构思设计，因为是在公司统一的网站进行销售，所以还必须加上一些公司的元素。分析完这些，Sam开始收集资料准备设计。

活动 设计制作广告

活动背景

广告设计是指从创意到制作的中间过程。广告设计是广告的主题、创意、文字、图像、色彩等要素构成的组合安排。广告设计的最终目的就是通过广告来吸引消费者眼球，进而提高商品的销售。一个成功的平面广告在画面上应该有非常强的吸引力，色彩运用合理，图片选择准确。一个成功的广告是通过简单清晰的信息内容准确传递利益要点。广告信息内容要能够融合消费者的需求点、利益点等。

📖 知识窗

广告设计分类

根据广告的目的，广告大致可分为4种类型：

1.促销广告

大多数的广告属于此类型，广告的主要目的是传达所销售商品的有关信息，吸引消费者购买。

2.形象广告

以树立产品、品牌形象并期望给人留下整体、深刻印象为广告目的。

3.观念创意广告

以倡导某种生活态度或者某一个相同点的概念画面来宣传商品或品牌为广告目的。

4.公关广告

通过以软性广告的形式出现，如在大众媒介上发布的入伙、联谊通知，各类祝贺词、答谢词等。

活动实施

1. 任务分析

①异食客电子商务有限公司是以经营进口食品为主的网店，网店商品的风格多样化，因此在设计上应重点考虑商品本身的特征。

②用色上，可以采用红色，取自商品包装的颜色，同时红色本身的视觉冲击力也比较大。

③元素上，除了商品，还可以运用一些商品包装中的流线型、圆形，这样画面会比较和谐统一。

④根据商品的特性撰写广告语。

2. 材料准备

①品牌的LOGO。

②适合的商品图片。

③广告语等。

先来看看如图3.2.1所示的最后的效果图，根据效果图，一步步完成画面中的要点。

图3.2.1

3. 设计制作广告

①修图。

启动Photoshop程序, 打开素材文件"电子素材/项目3/可口可乐.jpg", 图片拍摄的时候采用的黑色底图, 为了不受到色彩的限制, 首先用钢笔工具把瓶子勾出来, 然后复制勾出来的画面; 再根据实物适当地调整图片的亮度与色彩的饱和度, 以及处理一些杂质斑点等, 让可口可乐的颜色看起来干净鲜艳, 更接近实物的颜色, 如图3.2.2所示, 保存为psd格式图片。

图3.2.2

②新建文件。

新建一个宽度为950像素、高度为400像素的图片文件(淘宝广告的正常尺寸: 首页宽度为950像素, 高度可以根据自己页面的需求来设定, 全屏广告图宽度为1 920像素, 高度不限)。

③填充渐变底色。

新建图层1, 采用跟可口可乐包装相接近的红色渐变底色, 让整个画面与商品结合起来; 从红色到深红的径向渐变, 如图3.2.3所示。

④绘制色带。

新建图层2, 用钢笔画出流线型的线条并填充成白色, 如图3.2.4所示, 让图层2复制两层, 一层填充黑色, 一层填充成红色, 再用自由变换适当调整位置, 让白色、黑色、红色3个图层有一个流线型的交错感, 如图3.2.5所示。

⑤绘制圆形立体按钮。

新建图层3, 用椭圆形选区工具建立一个圆形选区并填充红色; 为了使红色圆形看上去比较有立体感, 给它添加"图层样式"→"斜面和浮雕"效果, 具体设置如图3.2.6所示。

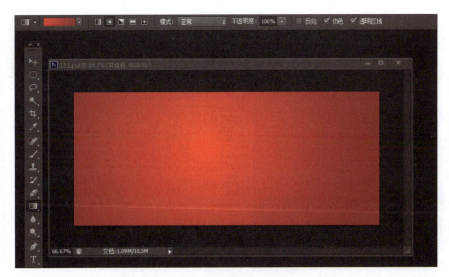

图3.2.3

图3.2.4

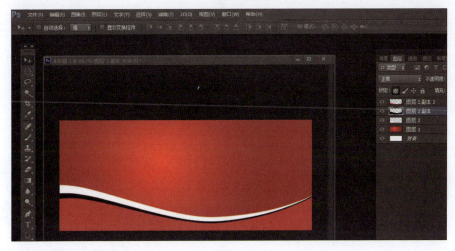

图3.2.5

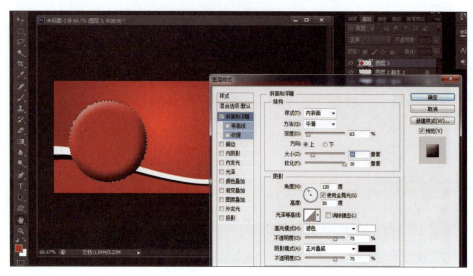

图3.2.6

⑥导入图片素材。

把"电子素材/项目3/可乐LOGO.jpg、可口可乐.jpg"导入文件中,调整英文LOGO让它和圆形立体按钮成为一个整体,再把可口可乐的图案适当调整在合适的位置,如图3.2.7所示。

图3.2.7

⑦编辑文字。

根据文字的数量、重要程度调整文字的字体大小位置,适当地调整画面中LOGO,图形的位置大小让画面看上去比较协调,如图3.2.8所示。

⑧添加白色雪花点。

画面到这里基本完成,但整个红色的感觉缺少一点冰爽的感觉,因此,最后我们在给画面加一点白色的雪花来让画面细节更完美。

在图层4前面新建图层6,选择画笔工具,调出画笔面板设置画笔笔尖形状,如图3.2.9所示;形状动态如图3.2.10所示;散布如图3.2.11所示的参数,根据画面的布局制作白色雪花达到最终的画面效果,如图3.2.1所示。

图3.2.8

图3.2.9　　　　　　　　　　图3.2.10　　　　　　　　　　图3.2.11

活动评价

由于Sam对业务熟悉，做事条理清晰，因此设计很快就完成了。能做到这样是因为Sam平时一步步地积累，平时下足功夫，用的时候才会得心应手。

任务3
设计制作全屏欢迎模块广告

情境设计

随着年底前各大电商购物节的临近，各电商平台上的各类品牌广告、促销宣传开始铺天盖地，大量优惠券、促销组合也震撼来袭。从学校电子商务专业毕业之后的Sam进入一家公司实习，公司安排Sam设计全屏模块广告。

任务分解

每一个全屏广告都有明确的主题，有它所要传递给用户的具体信息。"主题突出"是制作全屏广告的基本原则。所以，在制作全屏广告时，必须把握主题，并围绕主题进行设计和制作。

活动 设计与制作全屏欢迎模块主题广告

活动背景

全屏类广告的面积大，一般宽度为1 920像素，高度大于500像素，所以全屏广告表现力强，很吸引人。在比较大的页面空间里，可以表达更多的广告信息。丰富的广告信息不仅可以使用户对商品感兴趣，同时也对企业品牌形象产生好感。本次活动的最终效果如图3.3.1所示。

图3.3.1

活动实施

①执行"文件"→"新建"命令，新建宽度为1 920像素，高度为500像素的图片文件。

②新建图层1，当前图层填充为渐变色。设置前景色（色值#b80556），设置背景色（色值#e74433），使用渐变工具填充，完成背景制作，如图3.3.2所示。

图3.3.2

③在当前图层使用"多边形套索工具"绘制三角形区域，打开"图像"菜单，执行"调整"→"曲线"命令，调亮该选区，设置完成效果如图3.3.3所示。

图3.3.3

④按此操作步骤多次调整三角形区域的"曲线"参数，完成效果如图3.3.4所示。

图3.3.4

⑤新建图层2，在当前图层，按下"Shift"键的同时使用"椭圆选框工具"，绘制圆形选区，执行"编辑"→"描边"命令，宽度为5像素，颜色设置为黄色。使用同样的方法制作另一个同心圆，如图3.3.5所示。

图3.3.5

⑥新建图层3，使用前面的方法绘制圆形，并用黄色描边，"描边"宽度为1像素，效果如图3.3.6所示。

图3.3.6

⑦打开图层2，使用"橡皮擦工具"擦除部分圆形，如图3.3.7所示。

图3.3.7

⑧新建图层4，绘制黄色线。使用"多边形套索工具"绘制小三角形，如图3.3.8所示。

图3.3.8

⑨使用"横排文字工具"输入"将秒杀"和"进行到底"文字，字体为"华文琥珀"，大小为"30点"，设置颜色为黄色和蓝色。打开文字图层样式，设置"描边"为黑色，10像素，添加渐变效果，如图3.3.9所示。

图3.3.9

⑩加入电冰箱图案，复制电冰箱图层，对底层电冰箱图层进行模糊处理。打开"滤镜"菜单，执行"模糊"→"动感模糊"命令，角度为28度，距离为65像素，如图3.3.10所示。继续将其他图形导入，并设置"动感模糊"效果，如图3.3.11所示。

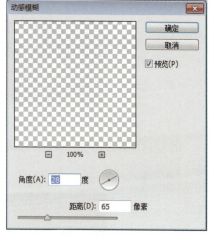

图3.3.10

图3.3.11

要点提示

全屏广告通过在网店首页上的显示，起到传达信息的作用。在本案例的制作过程中，通过使用红色的主题颜色来衬托出"将秒杀进行到底"的广告语，而通过对多种商品的修饰，总体表现出抢购商品的动感。本案例是以渐变背景为基础，通过对广告标语的突出显示和对商品的动态修饰，集中体现出"秒杀"这个主题。

活动评价

Sam做完这次全屏的主题广告后，对广告设计有了更深的认识，并期待下次的设计更完美。

》》》》》》任务4
设计促销模板

情境设计

刚刚毕业的Sam就职于某电子商务公司，主要负责的是网店的美工。店长让他利用所学的美工知识，设计一个网店的促销模板，模板包含促销的信息，同时需要网店的主打产品都能用上这样的通用模板。接到任务的Sam开始构思如何设计一个促销的通用模板。

任务分解

Sam在学校只是学习了基本的网店美工制作，大部分的内容是按照教材的操作步骤完成，没有实际网店促销活动的经验，现在需要独立制作完成商品的促销模板。Sam不知道如何开始，所以他搜索了相关商品的网店，查看一些电子商务网站和网店的促销模板，选择了一些点击率较高、设计美观的模板，并结合公司的实际，开始设计公司的促销模板。

活动　设计促销模板

活动背景

促销模板就是针对网店进行的促销活动而设计制作的通用模板素材,把网店的整体风格装修得更一致、更专业。促销模板适用于各种网店、平台等促销活动的商品展示,通过统一的促销模板能够更好地把商品信息进行推广宣传。最终效果如图3.4.1所示。

图3.4.1

🗔 知识窗

制作促销模板的方法基本上有以下3种:

第1种方法:通过网络下载一些免费模板素材进行修改,在模板上加入自己网店的产品信息和促销信息,运用到网店促销活动中。这种方法相对简单操作,但缺点是创意不足,没有体现个性化。在使用网络素材的同时,尽量避免带有其他网店或者公司的LOGO或者标识和名称信息的图片素材。

第2种方法:自己设计商品促销模板。可以运用图像制作软件设计促销模板,这种方法形式灵活,而且可以体现网店的个性化。但是,这种方法对设计者的要求较高,需要掌握更多的设计技巧和有整体的视觉效果。

第3种方法:购买模板。可以从各种提高网店装修服务的网站中购买模板,或者找设计师专门设计。这样更能有效和美观地体现产品的促销信息。

活动实施

①执行"文件"→"新建"命令,建立宽度为800像素、高度为800像素,颜色为白色的背景图层,命名为促销模板设计与制作,单击"确定"按钮。

②新建图层,用矩形选区工具在画布底部绘制矩形并填充为深紫色到浅紫色的渐变,如图3.4.2所示。

图3.4.2

③打开自定义形状，选中圆角矩形工具，绘制圆角矩形形状，选中圆角矩形的图层面板，单击右键，在弹出的快捷菜单中选择"混合"选项，设计渐变叠加和内阴影数值，参数与颜色如图3.4.3、图3.4.4所示；在圆角矩形形状的右侧新建一个在圆形形状1，在混合选项中调整内阴影效果，如图3.4.5所示。

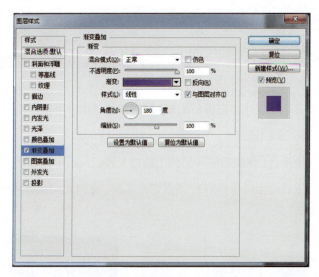

图3.4.3

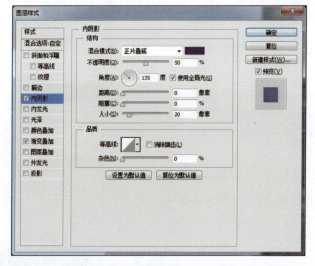

图3.4.4

图3.4.5

④在图的右下角新建圆角矩形形状，设置半径为45像素、高度为143像素、宽度为300像素，直接运用选择工具，调整圆角矩形的形状，通过混合选项调整圆角矩形为2，选择渐变叠加和设置投影效果，如图3.4.6所示。

图3.4.6

⑤新建图层1，使用套索工具，在圆角矩形2的右方勾画出一个梯形，在梯形中运用由白色到透明的渐变效果，如图3.4.7所示。

⑥运用自定义形状工具，在圆形形状里画出购物车形状，如图3.4.8所示。

⑦运用圆角矩形工具画出圆角矩形3，运用矩形工具，在图的左上方画出矩形形状2，填充相应颜色，如图3.4.9所示。

图3.4.7

图3.4.8

⑧最后在相对应的形状中加入文字，效果如图3.4.1所示。

活动评价

Sam完成这次工作任务，觉得有必要再加强一下不同风格类型的促销模板设计，这样才能在不同商品和活动中自由切换。

图3.4.9

>>>>> 任务5
设计商品分类展示区

情境设计

大渊在一家经营时尚女装的公司上班，主要负责淘宝店铺的美工设计。随着公司业务量的不断扩大，公司旗下的淘宝店铺开始有了不错的业绩。星期一早上召开部门例会，总监说现在公司服装的品类较多，为了方便引导客户快速地找到相关品类的衣服，需要在淘宝店铺的首页增加商品分类区。这任务就自然落到了美工设计师大渊身上。

任务分解

大渊虽然是一个男生，但对时尚比较敏感，同时对公司的商品定位以及客户喜欢的风格非常了解，也把握得比较好。接到任务以后，大渊首先整理了销售部门给的资料，然后根据公司现有的商品以及店铺活动构思了两套方案。

活动1　设计商品分类展示区——规整型

活动背景

活动1的淘宝商品展示区的设计，采用了常规的从左往右的规整型的版面。为了使画面不显得呆板，在最后可加入蓝色和粉色凸显女性特征的小元素来点缀，效果如图3.5.1所示。

图3.5.1

知识窗

传统店铺的分类区如图3.5.2所示，在首页左边有宝贝分类区域的显示设置，页面中间的固定格式有宝贝推荐模块。随着店铺设置功能的增多以及各店铺对个性自由化版面的追求，这种固定模块慢慢被舍去，店主更多的是根据自己店铺阶段性的商品分类需求设计个性化的分类区，图3.5.3以商品分类来划分，图3.5.4以促销商品类型加商品系列来分类，不管哪种形式的分类都是为了引导买家快速找到适合自己的商品，从而达到销售目的。

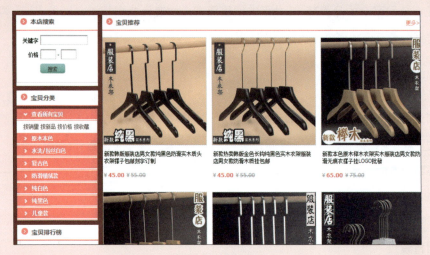

图3.5.2

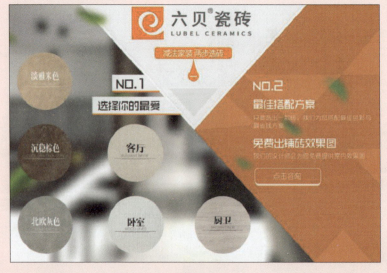

图3.5.3

图3.5.4

活动实施

①新建一个宽为950像素、高为580像素的空白文件。宽为950像素是淘宝首页广告的正常尺寸，高度不限，便于买家查看整体效果，建议一屏高度不要超过768像素。

②绘制粉色阴影效果：新建空白图层，用圆角矩形工具绘制半径为30像素的粉色长方形，复制粉色长方形填充为灰色并向上、向左微移，如图3.5.5所示。注意框与框之间的距离位置。

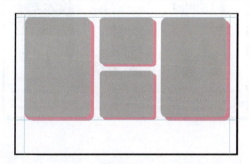

图3.5.5

③新建空白图层，建立矩形选框并填充为粉色，再进行描边，参数如图3.5.6所示。复制该图层，填充为白色，描边不变，向上微移，勾选这两个矩形框图层进行复制图层，并按住"Shift"键水平移动，用同样的方法复制其他图层，如图3.5.7所示。注意间距保持一致。

④导入"电子素材/项目3/服装1.jpg—服装4.jpg"，调整图片大小，并把图片放在对应的灰色图层上，创建剪贴蒙版把服装图片放置灰色框中（或选择"图层"→"创建剪贴蒙版"或者按组合键"Alt+Ctrl+T"），如图3.5.8所示。

图3.5.6

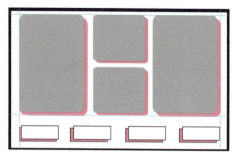

图3.5.7

图3.5.8

⑤使用"矩形选框工具"绘制蓝色长方形,并创建剪贴蒙版将其置入灰色宽底部,方法同上,再用"自定义形状工具"绘制图案点缀画面,如图3.5.9所示。

图3.5.9

⑥加入文字形成最终效果，如图3.5.1所示。

活动2 设计淘宝商品展示区——斜框型

活动背景

活动2的淘宝商品展示区的设计采用了斜线斜框的版面，这种版面显得画面比较有动感；色彩采用了蓝色搭配洋红色，使画面重点突出，如图3.5.10所示。

图3.5.10

活动实施

①新建一个宽为950像素、高为580像素的空白文件，并把背景填充成浅灰色。

②新建空白图层，建立矩形选区，填充为粉色（色值# fed0d3），执行自由变换，把粉色矩形斜放在画面中，再按以上两步操作绘制粉蓝色（色值# 9ce4fa）矩形框，放在右下角，如图3.5.11所示。

图3.5.11

③使用"圆角矩形工具"绘制圆角半径为5像素的矩形框并将矩形选框填充深灰色、3像素白色描边，执行菜单"编辑"→"变化路径"→"斜切"命令变化矩形框。用同样的方式绘制圆角半径为5像素的矩形框，填充为无色、3像素粉色描边。如图3.5.12所示。

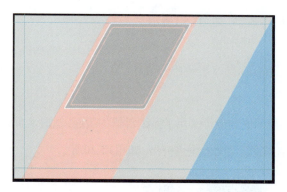

图3.5.12

④使用同样的方法制作不同颜色大小的矩形框，调整画面布局，如图3.5.13所示。

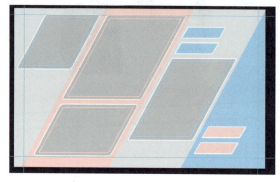

图3.5.13

⑤导入"电子素材/项目3/服装1.jpg—服装4.jpg"，准备好的服装图片，调整图片大小，并把图片放在对应的灰色图层上。创建剪贴蒙版，把服装图片放置灰色框中（或选择"图层"→"创建剪贴蒙版"或者按组合键"Alt+Ctrl+T"），如图3.5.14所示。

图3.5.14

⑥最后输入文字与小元素排列整齐，最终效果如图3.5.10所示。

要点提示

商品展示区设计就相当于一个版面设计,主推商品模块的面积要大位置靠前或者中间,这样容易引起消费者注意并快速地点击进入商品区选购。该版面的上传跟其他模块不一样,属于自由模块。在设计上形式可以多变,但因为同一张画面需要连接到不同的产品区域,所以不能整张图片一起上传,需要通过一些切割软件分区域切割好后分别加入链接再上传。

活动评价

大渊完成这次设计任务,觉得自己抓住了女装分类区设计的要素,但根据活动的内容不同,他希望以后的设计有更好的创意。

》》》》》任务6
制作拓展版全屏背景

情境设计

大渊的公司准备安排他装修网店首页,他首先为网店设计一个全屏背景海报。针对公司的要求,大渊进行了构思和创作,首先了解首页的各个板块的尺寸和要求;然后参考其他同类型网店首页的全屏背景海报的设计理念;最后着手准备设计和制作网店的全屏背景。

任务分解

大渊已经基本掌握了网店首页的装修技巧,他了解到,全屏背景的尺寸宽度是1 920像素,怎么设计与制作全屏海报呢? 他通过参考其他公司的设计和确定自己公司装修风格,并设计了网店的全屏背景。

活动1　制作拓展版全屏背景——简洁几何型

活动背景

制作几何型背景,可以简洁、方便地在全页面中使用,不会影响页面的整体效果,如图3.6.1所示。

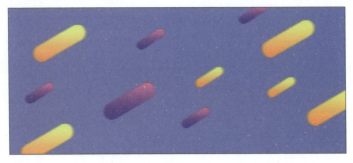

图3.6.1

知识窗

全屏背景是网站上富有冲击力的影像,将整张图片作为背景填充整个网站的设计越来越流行,都能强有力的抓住人们的注意力。因此,越来越多的电子商务网站将全屏背景应用在设计中。全屏背景图片宽度为1 920像素、高度不限。为了不影响买家浏览销售页面的内容,因此全屏背景的设计不能太花哨,以简洁为主。这样可以更好地突出电子商务网站的主体内容。根据商品的内容来制作合适的背景图片,全屏背景尽量少用或不用文字。

活动实施

①执行"文件"→"新建"命令,宽度为1 920像素,高度为800像素。

②新建图层1作为背景图层,执行"填充"命令,选择蓝色(#4960b4)进行填充。

③选择自定义形状中的"圆角矩形工具",调整为形状工具模式,填充为白色,描边半径为1像素,半径为200像素,如图3.6.2所示;制作圆角矩形,如图3.6.3所示。

图3.6.2

图3.6.3

④按快捷键 "Ctrl+T" 调整圆角矩形的形状、大小和位置，复制调整好的圆角矩形的大小、方向，在背景图层中随机分布圆角矩形，如图3.6.4所示。

图3.6.4

⑤选择圆角矩形图层调出 "图层样式"，为圆角矩形增加 "渐变叠加" 的颜色效果，如图3.6.5所示；用同样的方式为其他圆角矩形添加不同的渐变颜色，如图3.6.6所示。

⑥对每一个圆角图层进行动感模糊。执行 "滤镜" → "模糊" → "动感模糊"，参数设置如图3.6.7所示，最终效果如图3.6.1所示。

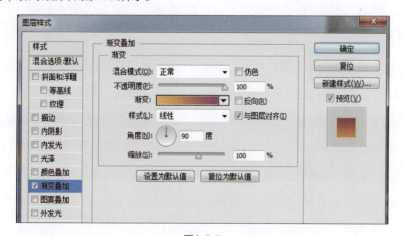

图3.6.5

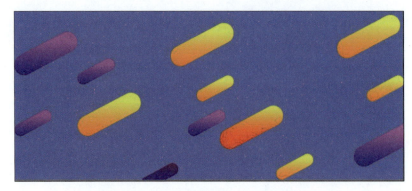

图3.6.6

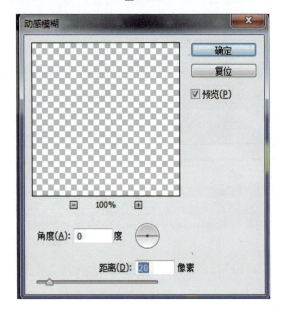

图3.6.7

活动2 制作拓展版全屏背景——仿实景型

活动背景

海浪服饰有限公司位于我国广东省沿海地区,是一家以设计泳装为主的加工厂以及销售中心。海浪服饰有限公司经过几年的发展慢慢转变为集合研发、制造、营销、文化为一体的大型生产销售泳衣企业。海浪服饰有限公司通过专业的市场分析,设计制作了多样化的泳衣,成为全国市场的主导者。从电子商务专业毕业的学生 Sam 在公司实习半年多的时间,已经掌握了一些基本的设计基础, Sam 接到的任务是为公司的电子商务网站设计一个全屏背景。

仿照阳光沙滩的实景制作背景,主题鲜明画面感较强,营造出一种特定场景效果,如图3.6.8所示。

图3.6.8

活动实施

①执行"文件"→"新建"命令，宽度为1 920像素，高度为600像素，单击"确定"按钮。

②新建图层1作为天空图层，使用"渐变工具"为当前图层添加蓝（#16c9f4）→白的渐变颜色。选中"图层1"，单击下方的"添加图层蒙版"工具为当前图层添加蒙版，如图3.6.9所示。

③单击图层1的蒙版缩略图，使用"渐变工具"为当前蒙版添加黑→白的渐变颜色。

图3.6.9

④选中"图层1"，执行"滤镜"→"渲染"→"镜头光晕"命令，在"镜头光晕"对话框中设置光源位置在图片左上角，设置亮度为100%，设置镜头类型为50~300 mm变焦（Z），天空制作完成，效果如图3.6.10所示。

图3.6.10

⑤新建图层2作为沙滩图层，为当前图层填充颜色（色值为#d8cda3）。对当前图层执行"滤镜"→"杂色"→"添加杂色"命令，"数量"为20%，"分布"为平均分布，勾选"单色"选项，效果如图3.6.11所示。

⑥选中图层2，单击下方的"添加图层蒙版"工具为当前图层添加蒙版。单击图层2的蒙版缩略图，使用"渐变工具"为当前蒙版添加黑→白的渐变颜色，完成沙滩制作，效果如图3.6.12所示。

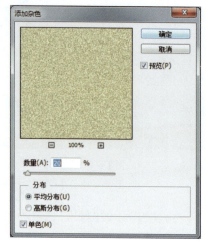

图3.6.11

⑦新建图层3作为白云图层。使用"椭圆选框工具"绘制5个相互叠加在一起的圆形选区，并填充为白色，如图3.6.13所示。

⑧在右侧图层3图层上单击右键打开"混合选项"，弹出"图层样式"对话框，在该对话框中勾选"斜面和浮雕"，设置阴影颜色值为# 00cfff，其余各项参数如图3.6.14所示。

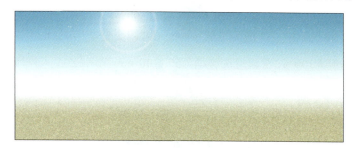

图3.6.12

图3.6.13

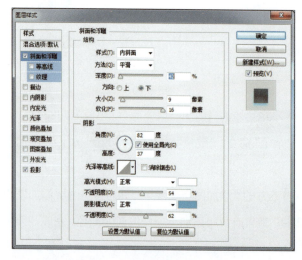

图3.6.14

⑨在该对话框中勾选"投影",设置投影颜色值为# 58daf8,其余各项参数如图3.6.15所示。

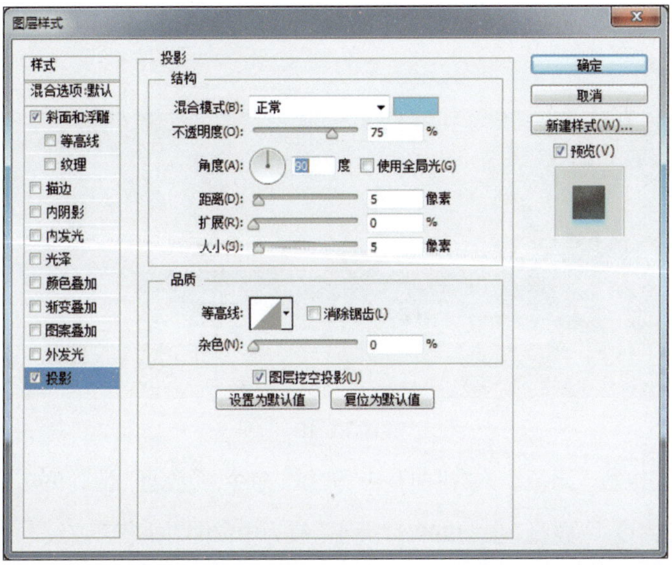

图3.6.15

⑩对当前图层执行"滤镜"→"模糊"→"高斯模糊"命令,"半径"值为4像素,如图3.6.16所示。

⑪对白云所在图层多次复制,并执行"编辑"→"自由变换"命令,缩放白云大小,调整位置后效果如图3.6.17所示。

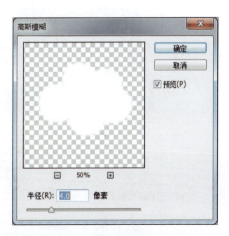

图3.6.16

图3.6.17

⑫新建图层4作为海浪图层。在当前图层使用"矩形选框工具"创建一个选区,并使用"渐变工具"为当前选区添加蓝(#45d3f6)→白的渐变颜色,完成后按"Ctrl+D"快捷键取消当前选区,如图3.6.18所示。

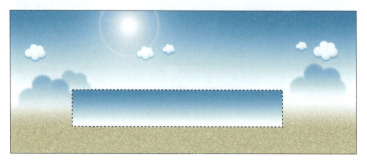

图3.6.18

⑬对当前图层执行"滤镜"→"扭曲"→"波纹"命令,"数量"值为999,"大小"值为大;继续执行"波纹"命令,"数量"值为999,"大小"值为中;继续执行"波纹"命令,"数量"值为999,"大小"值为小,效果如图3.6.19所示。

图3.6.19

⑭对当前图层执行"编辑"→"自由变换"命令,缩放海浪大小并旋转海浪角度,调整位置后效果如图3.6.20所示。

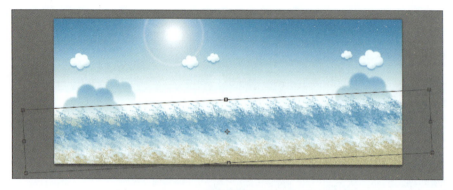

图3.6.20

⑮选中图层4海浪图层，单击下方的"添加图层蒙版"工具为当前图层添加蒙版。单击图层4的蒙版缩略图，使用"渐变工具"为当前蒙版添加黑→白的渐变颜色，完成海浪制作，效果如图3.6.21所示。

图3.6.21

⑯在右侧图层4图层上单击右键打开"混合选项"，弹出"图层样式"对话框，在该对话框中勾选"投影"，并设置阴影颜色参数为黑色，其他参数如图3.6.22所示。

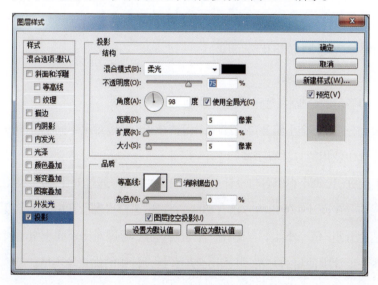

图3.6.22

⑰最终效果如图3.6.8所示。

活动评价

这则全屏背景是泳装产品的背景广告，因此选用蓝色海洋作为背景的主体，给人夏季清爽的感觉。阳光、蓝色海洋、云彩和海浪等内容搭配在一起使画面具有动感。远方的云彩由大到小，清晰度也不同，突出图像的立体感。作为电子商务网站的一个全屏背景，尽量不加入文字等内容，设计以简约为主，目的是让主题更加突出。

自我测试

操作题

（1）从男装、女装、童装3种商品中任选一种，用Photoshop制作品牌宣传店招广告设计及商品分类展示区，店名自定。

要求：

①分析你所选商品店铺的特征，消费群，以及适合什么样的风格。

②广告尺寸：宽950像素×高150像素，分辨率72像素/英寸；分类展示区尺寸：宽950像素，高度自定义。

③风格形式不限，但要注意所选的产品画面风格要一致。

④注意色彩搭配的合理性；画面内容主次要分明。

（2）根据课堂做的可口可乐的设计任务进行拓展广告设计，用Photoshop将课堂中可口可乐的产品展示的广告设计改变成促销广告，要求：

①尺寸：宽950像素×高200像素，分辨率72像素/英寸。

②促销内容体现夏季、价格优势。

③风格形式与原画面一致。

④注意色彩搭配的合理性；画面内容主次要分明。

（3）将学生分组，每个小组各自设计一个促销模板，通过对比不同小组的设计作品，说出每个模板在设计中使用的方法有哪些。

（4）将学生分组，每个小组各自设计一个女装通栏广告，通过对比不同小组的设计作品，说出每个通栏广告在设计中使用的方法有哪些，并指出通栏广告设计中的优点及不足。

（5）将学生分组，每个小组各自设计一个全屏背景，通过对比不同小组的设计作品，说出每个全屏背景在设计中使用的方法，并指出全屏背景设计中的优点及不足。

项目 4
商品详情页面制作

☐ 项目综述

　　网上交易的整个过程中买家既看不到实物，也没有营业员引导和解答，商品描述页面就承担起推销一个商品的所有工作。对于商品详情页的认识，不同卖家都有自己的想法：有人想着如何设计得更美丽，而有人想着如何更好地展示商品。那么，如何真正将商品描述页做好呢?从构思、排版、商品卖点展现等都有一定的方法和规律可循。

☐ 项目目标

　　学习完本项目后，你将能够:

知识目标

　◇了解买家购物认知规律。

　◇了解网店美工不同岗位工作内容。

　◇学习不同网店装修配色、排版知识。

技能目标

　◇能够制作商品详情页模板。

　◇能够根据店铺风格和商品确定商品详情页配色、排版方案。

　◇能够根据不同类型商品制作商品详情页。

　◇掌握网店视觉营销的基本方法。

　◇学会图片的切割与优化。

情感目标

　◇培养诚信经营的意识，做到商品如实描述，不欺骗消费者。

　◇培养法律意识，不用没有授权的图片和资料，合法经营，不恶意攻击竞争对手。

　◇倡导网络文明，自觉抵制低俗营销。

>>>>>>>> **任务1**
制作商品详情页模板

情境设计

惠美电子商务有限责任公司是一家综合类贸易公司，主营各类服饰产品、家居日用产品和电子产品三大类商品，目前每个品类交由不同的团队独立运作，拥有淘宝C店、天猫店、京东、当当、微店等20多家店铺，今年公司扩大了产品线，新招了一批员工进入各部门。刚刚从电子商务专业毕业的学生Alice通过面试应聘了美工岗位，需要经过3个月轮岗实习，了解公司不同团队美工岗位基本工作要求之后，再进行第二轮面试才能决定具体工作岗位。这3个月Alice需要掌握不同类型商品详情页面制作技巧，她的企业师傅Daisy首先教她商品详情页模板制作技巧。

任务分解

Alice之前在学校没有网店运营的经验，大部分知识都是按照教科书上操作指示完成，现在需要独立完成商品详情页制作，一下子不知道该如何下手，她向师傅Daisy请教。Daisy给她布置了几个任务，需要在一周时间完成，首先要分析商品详情页的基本模块，策划商品详情页内容；其次要根据网店装修整体风格制作出模板；然后要和摄影师沟通需要拍摄商品图片素材；接着要和文案师沟通拿到商品详情页文案；最后根据设计要求制作出完整的商品详情页交运营部门上传。

活动1   消费行为调研

活动背景

商品详情页是唯一向顾客详细展示商品细节与优势的地方，顾客喜不喜欢这个商品、是否愿意在你的店里购买都要仔细看商品的详情页，99%的订单也都是在看过商品详情页后生成的。顾客到底关注些什么信息？制作商品详情页面时应该放哪些内容进去呢？

活动实施

中学生网上消费行为调研

每5人一组组成调研团队，在所在的学校各专业调研不少于10名同学（男女各半），综合运用问卷调查方法，了解中学生网络购物情况，作为自己制作商品详情页的决策参考资料。可参考调查表4.1.1。

表4.1.1　消费者网上购物行为市场调研

学生（男/女）	学生1	学生2	学生3	学生4	学生5
年龄					
网购经验					
实拍图					
使用效果图					
尺寸、规格型号					
基本参数					
评价展示					
功能介绍（使用方法）					
做工细节					
商品质量					
促销信息					
品牌说明（店铺实力展示）					
购物保障须知					
调研结果分析					
调研人员：				调研时间：	
消费者在网上购物时最希望看到什么信息？在以上选项中挑选不超过5个选项，并根据重要程度分别给予10分，9分，8分，7分，6分。					

要点提示

消费者网上购物的过程是怎样的？

根据对两万多家淘宝店铺的抽样调查，发现中小卖家99%的顾客是从商品描述页进入店铺的，大卖家92%的顾客从商品描述页进入店铺，超大卖家88%的顾客从商品描述页进入店铺。因此，商品描述页是店铺营销的核心所在，重中之重！消费者网上购物的一般过程见表4.1.2。

表4.1.2　消费者网上购物的一般过程

步骤	消费者心理	商品详情页关注点
第一步	第一眼印象，这件商品（风格、样式等）是否喜欢	整体展示（摆拍、模特展示）
第二步	细看，这件商品的质量好不好（功能全不全）	细节展示、功能展示、品牌展示
第三步	这件商品是否适合我	功能展示、尺码规格
第四步	商品的实际情况是否与卖家介绍的相符（是否正品、有无色差、尺码是否有偏差）	商品品牌、商品销量、买家评论
第五步	商品价格有无优惠（想买商品了）	活动促销信息（打折、满减、组合价、会员价）、优惠信息（是否包邮、有无优惠券）

调查显示，买家决定是否购买，最关心的因素包括商品图片、商品描述（参数、性能、属性等）、服务承诺、质量保障、描述可信度与专业度、使用说明、注意事项、快递事项、真实评价、优惠政策、客服态度、店铺信誉、店铺装修等13项，其中9项属于商品描述的范畴。如图4.1.1所示。

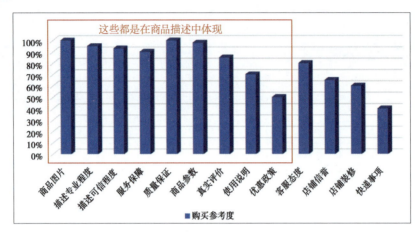

图4.1.1　买家网上购物决定因素调查表

活动2　绘制商品详情页结构图

活动实施

请在淘宝网搜索任意一件商品，观察PC端和移动端商品详情页面内容，并绘制出商品详情页结构图。

要点提示

商品详情页基本结构：

①页面头部：LOGO、店招等。

②页面尾部：与页面头部展示风格呼应。

③侧面：客服中心，店铺公告（工作时间、发货时间），商品分类，自定义模块（比如销量排行榜等）。

④详情页核心页面：单件商品的具体详情展示。

📖 **知识窗**

商品详情页各模块功能

1.商品展示模块

客户购买商品最主要看的就是商品展示部分，在这里需要让客户对商品有一个直观的感觉。通常这个部分是使用图片的形式来展现的，分为摆拍图和场景图两种类型。

摆拍图能够最直观地表现产品，拍摄成本相对较低，大多数卖家能够自己实现。摆拍图的基本要求就是能够把商品实际展现出来，走平实无华的路线。有时候这种态度也能够打动消费者。实拍的图片通常需要突出主体，用纯色背景，讲究干净、简洁、清晰。

场景图能够在展示商品的同时，在一定程度上烘托使用商品的氛围，通常需要较高的成本和一定的拍摄技巧。这种拍摄手法适合有一定经济实力，有能力把控商品的展现尺度的卖家。因为场景的引入，运用得不好，反而增加了图片的无效信息，分散了购买主体的注意力。场景图可以是一张体现出商品功能的图，或者是一张唯美有意境的图片，可以衬托商品，而不是影响商品展示。

2.商品细节模块

在商品展示模块里，客户可以找到大致感觉。当客户想要购买的时候，商品细节模块就要开始起作用了，细节是让客户深入了解商品的主要手段，对最后的成交起到关键性推动作用。

3.产品规格参数模块

图片是不能反映商品真实情况的，因为图片在拍摄的时候是没有参照物的。经常有买家买了商品以后要求退货，原因就是买回的商品比预期相差太多，预期便是商品图片留给买家的印象。所以我们需要加入产品规格参数的模块，才能让客户对商品有更为正确的预估。

4.客服体系模块

客服体系是指在整个销售过程中，售前、咨询、售后服务、问题投诉等一整套买家与客服进行沟通的渠道。完善的客服体系能极大地提高客服工作效率，让客户找到合适的人，问该问的问题。虽然在店铺顶部可以直接点击旺旺，但是在页面里合适的位置放置咨询旺旺能够更快地将客户购买意识转化为交易。

5.品牌增值模块

品牌增值顾名思义就是将品牌信息引入到商品描述里，从而论证该商品是有别于其他店铺普通商品的事实。需要展示品牌信息的，通常都不是消费者熟知的品牌。

6.店主个性模块

但凡成功的店铺都有自己的独特的个性，这种个性主要是通过店主来体现。有个性的文案描述，或者阐述店主推荐商品的理由，在一定程度上，都是和买家之间进行沟通，建立一种相互的认同感。一个有个性的店铺，更为客户所接受。在标准化的商品描述页面中，加入店主的性格阐述，能够达到意想不到的效果。

7.关联营销模块

关联营销主要承载着两部分角色，一个是客户对该商品不认可的时候，推荐相似的另外几款可能会留住这个客户。客户既然点击了这个商品，说明这名客户对这个商品是有部分认同的，推荐相似款，能够在一定程度上换回这次交易。另外一个角色是当客户确定要购买这件商品的时候，推荐与之搭配的另外一个商品，让客户再购买更多的商品，提高客单价。因为客户在确定购买一个商品的时候，会下意识地降低邮资成本，那么多选购几个商品就是不错的方法。

8.会员营销模块

目前，在淘宝网上的推广成本已经越来越高，争取一个客户所要花费的成本也在逐年增加，这就迫使卖家想尽办法留住争取来的客户。未来淘宝网店的竞争是客户之争，而积累用户群体，是当前淘宝网店竞争的核心环节。

积累客户最主要的手段是会员营销，组建自己的粉丝群，开设各种会员活动，这都需要在商品详情页面里有一个好的体现，从而不断扩大自己的粉丝群。帮派、会员折扣，这些让会员长期关注店铺的手段用得好，会让店铺进入一个良性积累。

9.搭配展示模块

"搭配"是时下最流行的营销词汇。客户在淘宝购物已经不仅仅是单纯地购买某件商品，而是在寻找自己的风格。大多数人没有搭配方面的知识，不懂得如何进行搭配，他们更愿意去相信专业卖家的搭配推荐。一旦买家接受了店主推荐的搭配方案，就很可能会成为店铺的忠实客户。

10.包装展示模块

包装是体现服务质量的重要组成部分。一个好的包装不仅能体现店铺的经营实力，也能够让买家更为放心，延续购物之前和购物当中的体验。

11.活动信息模块

详情页面里的商品促销信息，能够在客户的购买决策中起到临门一脚的作用。

12.功能展示模块

功能展示模块的主要作用是对商品各个功能作详细的解析。因为图片无法动态展示商品使用情况，所以需要在图片的基础上对于商品的其他功能作更详细的说明。时下最流行的说明方式是"看图说话"，这也是最好的商品表述方式。"看图说话"能够进一步展示商品的细节，同时对细节进行必要的补充说明。"看图说话"能大大提高客户对商品的认识。但是这种功能展示形式对卖家的图片处理能力要求非常高。

模块间的相互组合，就像是语法中的主、谓、宾语一样。有的模块是整个商品描述最主要的组成部分，有的模块起到修饰的功能，让商品看上去更加诱人，给客户更多购买的理由。通常来说，标准化产品，如3C数码、手机、相机、电脑类目的商品，用户是理性购买，对商品的功能需求关注度非常高，这就要求卖家在描述商品的时候，更偏向于细节展示、商品参数、功能展示这几个模块。这些信息内容越丰富、越详细、越能吸引买家的注意力，花更多的时间停留在你的商品页面上。对于非标准化产品，如女装、手包、饰品等类目，冲动消费对于客户购物的影响更加大一些。这个时候，就需要格外强大的商品展示模块，比如场景图、氛围等，怎么能抓住目标群体的眼球就怎么拍。

店主个性模块，能做好的要尽量做好，现在淘宝网上的竞争体现在用户之争。用户对于店铺的认可度越高，店铺的发展前景越好。服装、饰品等类目无疑是个性店主们最能展现自己个性的战场。

活动3　商品详情页的内容策划

活动实施

了解了商品详情页的基本结构，接下来就要尝试制作一个商品详情页，应该如何策划每个商品详情页的具体内容呢？首先，为了节省大量时间，避免大部分的重复工作，可以将商品描述内容分为两种性质：一是"特殊内容"；二是"通用内容"。"特殊内容"是每个商品都不同的，例如图片、尺寸、参数等，这些内容必须逐个商品编辑发布。"通用内容"是多个商品相同的，如快递说明、售后服务、购买须知、品牌故事、产品知识等，这些内容没有必要一个一个去编辑，因为可以通过工具实现批量添加、批量修改、批量替换。根据不同模块的功能描述填写模块内容，见表4.1.3。

要点提示

商品描述栏目的营销功能。

商品详情页上半部分诉说产品价值，后半部分培养顾客的消费信任感。建立消费信任感不只是通过各种证书、品牌认证的图片来树立。使用正确的颜色、字体，还有排版结构，这些对赢得顾客消费信任感也会起到重要的作用。详情页每一模块组成都有它的价值，都要经过仔细的推敲和设计。根据商品描述模块的功能可以划分不同的商品描述栏目，分别实现不同的营销功能。

表4.1.3 不同模块的功能

商品描述性质	商品描述模块	模块功能	备选项
特殊内容	海报大图	展示品牌或者商品特色、店铺促销活动广告图,第一时间吸引买家注意	商品卖点/特性给消费者带来的好处 包装展示 海报大图 售后问题/物流 店铺/产品/车间资历证书 细节图片展示 同行商品对比 商品作用/功能 规格参数信息
	商品卖点/特性	展示产品与众不同的地方	
	商品作用/功能	产品独特属性给客户带来的作用或者优势	
	给消费者带来的好处	作用或者优势给客户带来的利益,对顾客的好处	
	规格参数信息	商品的可视化尺寸设计,让客户体验到实际尺寸,避免收货时低于心理预期	
	同行商品对比	通过对比强化商品卖点,强化消费者的购买决心	
	细节图片展示	展示商品材料、做工,让消费者更进一步了解商品	
通用内容	包装展示	让消费者了解产品包装各部件,方便消费者收到货物后对比	
	店铺/产品/车间资历证书	展示店铺品牌和实力,让消费者放心购买	
	售后问题/物流	解决顾客购物流程、售后保障、退换货流程等,打消消费者后顾之忧	

1. 基础描述栏目

基础描述栏目主要提供给买家最需要了解的基本信息。如商品展示、商品描述、快递说明、售后服务、商品参数、商品报价、购买须知、退换说明、联系方式、尺寸相关、测量方法、模特展示、细节展示、购物流程、支付方式等。

2. 强化增值栏目

强化增值栏目主要提供更多的信息增强商品描述的说服力,提高店铺的品牌感、专业感,令买家更放心购买,同时减少咨询量。如效果展示、设计手稿、品牌故事、关于我们、产品知识、公司荣誉、鉴别方法、洗涤建议、使用方法、保养方法、授权证书、质检证书、用户评价等。

3. 营销刺激栏目

营销刺激栏目主要为买家提供更多的产品选择,扩大购买范围,增加成交机会。如热卖推荐、相关商品、搭配套餐、新品推介、好评推介等。

　　详情页的描述基本遵循以下顺序：①引发兴趣；②激发潜在需求；③赢得消费信任；④替客户做决定。特别要注意的是，由于客户不能真实体验产品，因此商品详情页要打消买家顾虑，从客户的角度出发，关注最重要的几个方面，并不断强化，告诉顾客：我是做这个的专家，我很值得信赖，买家买了都说好，正好店铺有活动现在下单价格最优，明日即刻涨价。

》》》》》 任务2
制作服装类商品描述

情境设计

　　经过一周的培训，Alice对商品详情页的设计已经有了一定的了解，她的企业师傅Daisy准备了一些商品素材，准备锻炼Alice的实际动手能力，首先选择的就是最常见的服装类商品描述的设计。

任务分解

　　Alice在师傅Daisy的指导下，首先确定了服装类商品描述页需要包含的内容：①商品详情；②尺码展示；③平铺展示与商品描述；④细节展示；⑤面料特性。为了方便设计，Alice准备先将5个内容分别设计好再进行合并，最终将完整的详情页交给运营部。

活动1　商品详情设计

活动背景

　　商品详情是在商品详情页中首先被顾客看到的内容，对顾客喜不喜欢这件商品，是否愿意将商品详情页看完并最终购买，起着非常重要的作用。在设计商品详情这一部分内容的时候，要充分考虑到这一点，并尽可能地将能反映商品特性的内容放置在这一块，吸引顾客继续查看完整的商品详情页。由于是服装类商品，商品详情内容应包含商品主体、商品信息（面料、尺码等）内容。最终效果如图4.2.1。

活动实施

　　开始设计之前，Alice首先要确定页面的尺寸，设计过程中内容的增减都有可能使页面尺寸发生变化，但是商品描述页的宽度一般都是固定的，也就是750像素，因此在设计的时候,可以先为每一部分内容新建一个750像素×1000像素的画布,在设计过程中再根据需要调整画布高度。

1. 设计详情分类条

由于Alice打算将商品描述页分成5个部分内容进行展示,各部分内容之间设计一个分类条,可以让商品描述页条理更加清楚。

首先,新建画布,在图层面板上新建一个组,组名为"分类条";接着,在组内新建一个图层,绘制一个矩形框,并填充黑色;再新建一个图层,利用直线工具绘制一条白色的直线,并复制一份,适当调整位置;最后,输入"商品详情PRODUCT DETAILS"字样。效果如图4.2.2所示。

图4.2.2

2. 商品主体展示

在图层面板新建一个组,组名为"商品主体"。在组内新建一个图层,在分类条的下方绘制一个白色矩形,并设置其图层样式"外发光""投影",参数如图4.2.3及图4.2.4所示。

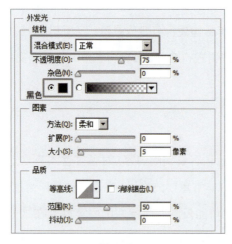

图4.2.3

打开素材"电子素材/项目4/任务2/商品主体.jpg",并将其拖入白色矩形的上方,创建剪贴蒙版,并调整该图片的大小,让其适应白色矩形框的大小,效果如图4.2.5所示。

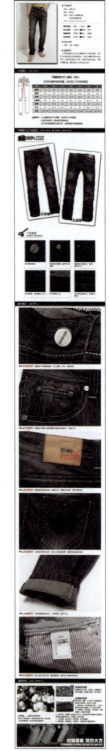

图4.2.1

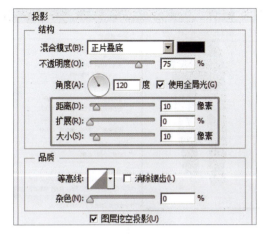

图4.2.4

图 4.2.5

3. 商品信息栏设计

商品的相关信息，见表4.2.1。在商品主体图旁边设计一个商品信息栏，如图4.2.6所示。

表4.2.1　商品信息

类别	休闲牛仔
颜色	深灰色
面料	65%棉、25%聚酯纤维、10%再生聚酯纤维
尺码	29/30/31/32/33/34/35
厚度指数	□薄 □适中 ■厚
弹力指数	□无弹 ■微弹 □弹力
触感指数	□柔软 ■适中 □偏硬
版型指数	□宽松 ■修身 □紧身

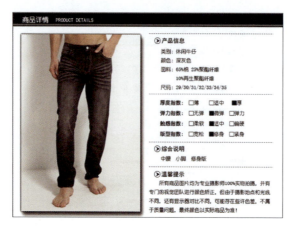

图4.2.6

商品详情部分设计完成后,根据实际需要,利用裁切工具对页面的高度进行裁切,保存源文件,同时生成一个jpg格式的成品文件待用。

活动2　尺码展示设计

活动背景

作为服装类商品,尺码的说明非常重要,它关乎顾客能否买到合身的服装。因此在商品描述页中,尺码展示部分是必不可少的,同时也要求尺码的展示必须客观、准确。通常服装的尺码都会以表格的方式呈现,不同的服装,尺码也会有一定的差异,为了方便修改,可以先通过Excel表格将尺码表做好排版,再复制到Photoshop中进行处理。

活动实施

新建一个750像素×1 000像素的画布,在设计过程中根据需要进行画布裁切或者增加画布高度。

1. 分类条

在上一个活动中,Alice已经设计好了一个分类条,现在只需要从上一活动中将"分类条"组拖动到新的画布中,进行位置的调整及文字的更改,如图4.2.7所示。

图4.2.7

2. 尺码表的制作

商品的尺码信息，见表4.2.2，打开Microsoft Office系列的Excel表格工具，根据表4.2.2进行格式的排版设计。

表4.2.2　尺码表

尺码	29	30	31	32	33	34	35
腰围	76	78	80	82	84	86	88
臀围	96	98	100	102	104	106	108
前裆	19	19.5	19.5	20.5	20.5	21	21
大腿围	56	58	60	61	62	62.5	64
脚围	35.5	35.5	36	36	37	37	37.5
内长	82	82.5	82.5	83	83	83.5	83.5
规格	165/74A	170/76A	170/78A	175/82A	175/84A	180/86A	180/88A

3. 尺码展示页面设计

将在Excel中经过排版的表格选中并复制，在Photoshop中进行粘贴，生成一个新的图层，打开素材文件"电子素材/项目4/任务2/测量参考图.jpg"文件，调整图与表格的位置。由于服装的测量通常是手工测量，数据可能存在一定的偏差，在设计图上需要加以说明。完成效果如图4.2.8所示。

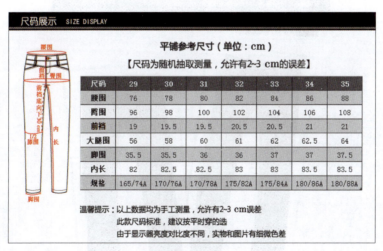

图4.2.8

尺码展示部分设计完成后，根据实际需要，利用裁切工具对页面的高度进行裁切，保存源文件，同时生成一个jpg格式的成品文件待用。

活动3 平铺展示与商品描述设计

活动背景

利用商品详情吸引了顾客的注意之后,还需要进一步展示商品的相关内容,以便刺激顾客的购买欲望。对商品的平铺展示以及商品描述,让顾客对该商品有进一步的了解,吸引顾客继续查看商品详情页的其他内容。

活动实施

新建一个750像素×1 000像素的画布,在设计过程中根据需要进行画布裁切或者增加画布高度。

1. 分类条

将第一个活动中Alice设计好的"分类条"组拖动到新的画布中,进行位置的调整及文字的更改。

2. 平铺展示的制作

服装类的商品平铺展示一般为服装的正面和反面,Alice从摄影师拍摄的众多图片中选择了两张正反面图片,为了说明该图片为实物拍摄,还需要加个实物拍摄说明,添加说明的时候需要注意图文的合理排列,这里可以重点突出"100%"这一文字。对两张平铺图片添加图层样式:"外发光"(混合模式:正常;颜色:黑色;大小:10像素)"投影"(不透明度:30%;角度:135度;距离:10像素;大小:0像素),适当旋转两张图片,完成效果如图4.2.9所示。

图4.2.9

3. 商品描述的制作

对服装商品的描述主要是针对服装的细节进行总体描述，吸引顾客继续查看商品细节的大图展示，因此对商品描述首先需要归纳其主要细节有几部分，再进行布局设计。根据本实例商品的实际情况，可以将细节归纳为6个部分，因此在进行商品总体描述的时候可以用2行3列的布局格式来进行描述。

确定布局之后，Alice首先绘制了一个草图，确定商品描述的大致分布，如图4.2.10所示。

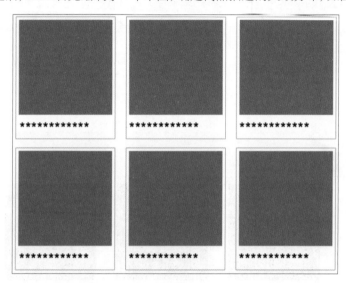

图4.2.10

确定了商品描述草图后，Alice开始进行"商品描述"部分的设计，显然当前画布1 000像素的高度已经不足以放下所有的内容，因此，Alice需要先调整画布的高度（按"Ctrl+Alt+C"组合键打开"画布大小"对话框），如图4.2.11所示。接下来在原有组的基础上新建一个"商品描述"组，组内添加一个说明图标和文字。根据草图制作商品描述框，由于6个描述框是相同的，可以通过新建组的方式进行制作：新建一个"描述框"组，绘制一个白色矩形，添加"描边"图层样式（大小：1像素；不透明度：50%；颜色：黑色）。复制该白色矩形，修改该矩形的大小，取消"描边"图层样式，添加"颜色叠加"图层样式（白色以外的颜色均可），添加商品描述文字说明（用"****"代替），如图4.2.12所示。

将完成好的"描述框"组复制5份，参考草图进行位置调整，打开"电子素材/项目4/任务2/商品描述1.jpg"—"商品描述6.jpg"，将各图片分别利用"创建剪贴蒙版"的方式嵌入到"白色矩形副本"层（将图片拖移到"白色矩形副本"层的上方，按着"Alt"键，在两个图层之间单击），调整各描述图的大小及位置；修改每个商品描述图的文字说明内容。效果如图4.2.13所示。

商品描述部分设计完成后，根据实际需要，利用裁切工具对页面的高度进行裁切，保存源文件，同时生成一个jpg格式的成品文件待用。

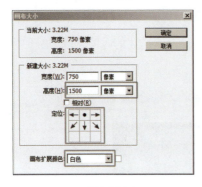

图4.2.11

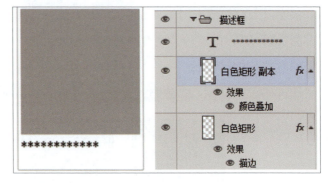

图4.2.12

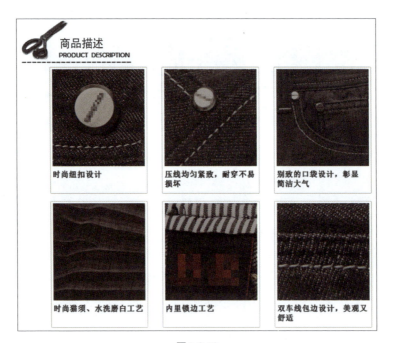

图4.2.13

活动4　细节展示设计

活动背景

通过对商品的平铺展示以及商品描述，成功吸引顾客的注意之后，考虑到顾客可能对商品的细节有更高的要求，还需要再增加一个细节展示内容的设计，通过大图的方式，完整地展示出商品的细节，供顾客参考并作出选择。

活动实施

细节展示图一般都以高清大图展示,因此新建的画布高度应该大一些。先新建一个750像素×3 000像素的画布,在设计过程中再根据需要进行画布裁切或者增加画布高度。

1. 分类条

将第一个活动中Alice设计好的"分类条"组拖动到新的画布中,进行位置的调整及文字的更改。

2. 细节展示设计

细节展示部分主要是需要展示商品的高清细节,因此可以直接用尺寸相等的大图进行展示即可。Alice挑选了6张设计师拍摄的高清大图,还是以创建组的方式进行单个细节展示设计,然后通过复制组的方式完成其他高清细节展示。首先在新建的"细节展示1"组内新建一个图层,绘制一个680像素×450像素的矩形(颜色任意选择),再加上文字说明,如图4.2.14所示。

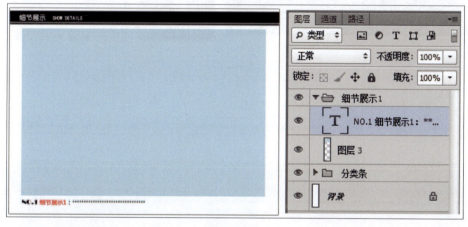

图4.2.14

将完成好的"细节展示1"组复制5份,由上往下排列,打开素材"电子素材/项目4/任务2"中"细节图1.jpg"—"细节图6.jpg",将各图片分别利用"创建剪贴蒙版"的方式嵌入到组内的矩形图中(将图片拖移到矩形层的上方,按着"Alt"键,在两个图层之间单击),调整各细节图的大小及位置;修改每个细节图的文字说明内容。效果如图4.2.15所示。

细节展示部分设计完成后,根据实际需要,利用裁切工具对页面的高度进行裁切,保存源文件,同时生成一个jpg格式的成品文件待用。

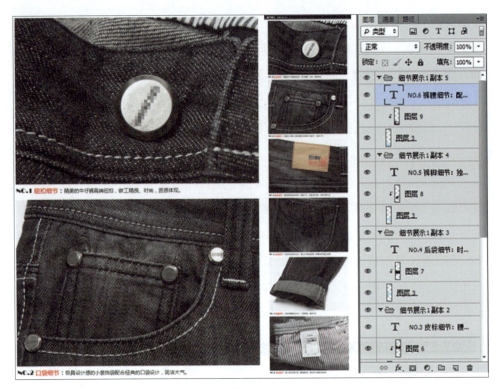

图4.2.15

活动5　面料特性设计

活动背景

对服装商品进行了详细的展示及说明之后，在商品描述页的最后，可以对服装所采用的面料进行进一步的说明，使顾客在了解服装的设计风格、细节的基础上，还可以对面料有一定的了解。

活动实施

新建一个750像素×1 000像素的画布，在设计过程中根据需要进行画布裁切或者增加画布高度。

1. 分类条

将第一个活动中Alice设计好的"分类条"组拖动到新的画布中，进行位置的调整及文字的更改。

2. 面料特性设计

面料特性部分主要是让顾客了解自己所选购的服装是由什么材质制作的，因此面料特性设计部分需要详细描述其选用的材质来源、优势所在。

首先Alice需要跟文案师沟通，获得面料的相关资料，接下来再从摄影师那里挑选一些与面料相关的图片，然后就可以开始设计了。打开素材"电子素材/项目4/任务2"中"棉花图.jpg""普通棉纤维图.jpg""自然棉纤维图.jpg"，对其作适当的大小变形及排版，添加文案资料；再添加一个"剪裁图.jpg"，完成效果如图4.2.16所示。

图4.2.16

面料特性部分设计完成后，根据实际需要，利用裁切工具对页面的高度进行裁切，保存源文件，同时生成一个jpg格式的成品文件待用。

活动6 合并完整的商品描述页

活动背景

通过前面的5个活动，Alice已经完成了服装类商品描述页包含的内容：①商品详情；②尺码展示；③平铺展示与商品描述；④细节展示；⑤面料特性。接下来她需要将设计好的5个子页面合并成一张完整的商品描述页提交给运营部。

活动实施

首先打开前5个活动中已完成的jpg格式设计图。通过查看各设计图的图像大小，计算完整页面需要用到的高度，并新建一个相应高度，宽度为750像素的页面；然后用移动工具将各设计图拖动到新建的页面中，排列整齐；最后将页面保存为jpg格式的商品描述页。Alice的第一个商品描述页的设计就完成好了，如图4.2.1所示。

>>>>>>>> **任务3**
制作电子类商品描述

情境设计

完成了第一个商品描述案例后，Alice对商品详情页的设计有了更进一步的了解，接下来她打算练习一下其他类别商品的详情页设计，与她的企业师傅Daisy商量后，Alice准备完成一个电子类的商品设计。

任务分解

与服装类商品描述类似，首先也需要确定商品描述页需要包含哪些内容？根据电子类商品的特点，Alice决定从3个方面进行商品的描述：①商品展示；②细节展示；③详情介绍。设计上，Alice还是沿用上一任务的方法，先将3个内容分别设计好再进行合并，最终将完整的详情页交给运营部。

活动1　商品展示设计

活动背景

电子类商品与服装类商品不一样，它首先需要吸引顾客的眼球，即从外观及主要功能上吸引顾客的注意。因此，商品展示是电子类商品的重点。电子类商品在拍摄的时候很难把画面表现得很突出，特别是Alice选择的这一款电子类商品——平板电脑。摄影师拍摄的时候通常是拍摄裸机，也就是未开机状态，这样对商品的展示有比较大的局限性。经过一番思考，Alice决定先进行一些图片的收集，比如准备一些视频画面、游戏界面、软件界面等素材，在商品展示设计的时候将这些素材与商品图片进行相应的合成，以达到丰富画面的效果。

活动实施

将要对平板电脑进行商品描述页设计，考虑到现有素材相对单调，Alice需要首先对摄影师拍摄的平板电脑图片进行一些后期的加工、合成，然后再应用到商品展示设计中。最终效果如图4.3.1所示。

1. 商品展示前期准备

Alice挑选了4张摄影师拍摄的平板电脑图片，分别用于整体展示、功能说明、视频界面展示、游戏工作界面展示。相应地，Alice也从网上搜索了一些图片素材，准备用于后期合成。

图4.3.1

（1）整体展示图合成

首先Alice在Photoshop中打开"电子素材/项目4/任务3"中"平板电脑1.jpg"及"合成素材1.jpg"两个素材，如图4.3.2及图4.3.3所示，所拍摄的平板电脑屏幕是空白的，可以将彩色图片素材放置到屏幕中，丰富平板电脑的色彩。

图4.3.2

图4.3.3

在"平板电脑1.jpg"中，用魔棒工具选中平板电脑中心的灰色部分，切换到"合成素材1.jpg"中，Ctrl+A（全选），Ctrl+C（复制），再切换回"平板电脑1.jpg"中，执行菜单命令"编辑"→"选择性粘贴"→"贴入"，对贴入的图层进行自由变换快捷键"Ctrl+T"，参考平板电脑摆放的角度，对图片进行"缩放""透视"等操作，完成将彩色素材贴入平板电脑这一合成操作，如图4.3.4所示。将合成后的图片另存为"整体展示.jpg"。

（2）功能说明图合成

在Photoshop中打开"电子素材/项目4/任务3"中"平板电脑2.jpg"及"合成素材2.jpg"两个素材，方法同上，为该平板电脑添加色彩丰富的图片。利用线条和文字，为其添加相应的功能说明，完成效果如图4.3.5所示。将合成后的图片另存为"功能说明.jpg"。

图4.3.4

图4.3.5

（3）视频界面展示图合成

在Photoshop中打开"电子素材/项目4/任务3"中"平板电脑3.jpg"及"合成素材3.jpg"两个素材，为了表达视频播放的高清性，Alice打算将这部分的合成做得立体一些，做出画面冲出屏幕的效果。首先，将视频图片放置到平板电脑的显示区内，方法同上，但是调整大小的时候使得屏幕不能完全显示视频内容，如图4.3.6所示。复制视频图片图层，在其蒙版上用白色画笔恢复完整的视频内容，再借助黑色画笔把多余的一些内容擦除掉，如图4.3.7、图4.3.8所示。将合成后的图片另存为"视频界面展示.jpg"。

图4.3.6

图4.3.7

图4.3.8

（4）游戏、工作界面展示图合成

在Photoshop中打开"电子素材/项目4/任务3"中"平板电脑4.jpg""游戏界面.jpg""游戏图标.jpg"及"常用工具图标.png"4个素材，用同上的方法，将"平板电脑4.jpg"和"游戏界面.jpg"合并成色彩丰富的平板电脑图，如图4.3.9所示；再将"游戏图标.jpg"及"常用工具图标.png"分别添加到"平板电脑4.jpg"中，利用蒙版，将一些不需要的小图标擦除，完成游戏、工作界面展示图合成，如图4.3.10所示。将最终合成的图片另存为"游戏工作界面展示.jpg"。

图4.3.9

图4.3.10

商品展示前期准备完成后，就可以开始完成商品展示内容的完整设计了。与服装类商品描述页一样，页面的宽度是750像素，考虑到商品展示是电子类商品描述的主要部分，因此需要用到的画布高度相对会大一些，同时可以新建一个750像素×2 400像素的画布，在设计过程中再根据需要进行画布裁切或者增加画布高度。

2. 设计详情分类条

分类条的设计可以参考服装类商品描述页分类条的设计，当然也可以发挥自己的创意，设计各种不同类型的分类条。在这里，Alice选用了灰绿搭配的方式设计了一个分类条。效果如图4.3.11所示。

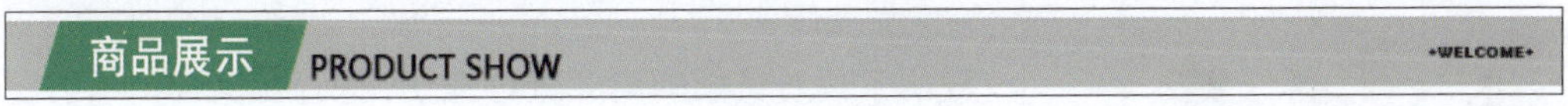

商品展示 PRODUCT SHOW　　　　　　　　　　　　　　　　　+WELCOME+

图4.3.11

首先，新建画布后，在图层面板上新建一个组，组名为"分类条"；接着，在组内新建一个图层，绘制一个矩形框，并填充浅灰色；复制该图层，按快捷键"Ctrl+T"（自由变换），将该矩形往左侧缩小，并通过"斜切"变形为平行四边形，为其添加图层样式"颜色叠加"，改变该形状的颜色为浅绿色；输入"商品展示PRODUCT SHOW"字样；分类条右侧为了避免单调，可输入一行如"+WELCOME+"字样的小字作为点缀。

3. 商品展示设计

在Photoshop中打开商品展示前期设计的4个文件："整体展示.jpg""功能说明.jpg""视频界面展示.jpg"及"游戏工作界面展示.jpg"。将其与文字说明按顺序拼合在一起,如图4.3.12所示。

商品展示部分设计完成后,根据实际需要,利用裁切工具对页面的高度进行裁切,保存源文件,同时生成一个jpg格式的成品文件待用。

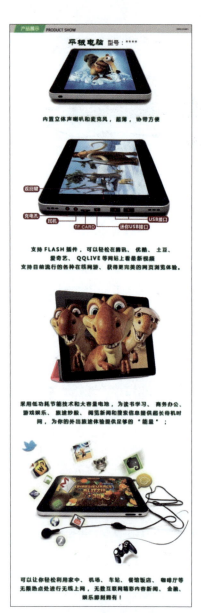

图4.3.12

活动2　细节展示设计

活动背景

本任务中的重点部分是商品展示,接下来对商品细节进行相应的展示即可。Alice挑选了几张细节比较清楚的照片,利用简单的排版进行展示。

活动实施

新建一个750像素×1 000像素的画布,在设计过程中根据需要进行画布裁切或者增加画布高度。

1. 分类条

在上一个活动中,Alice已经设计好了一个分类条,现在只需要从上一活动中将"分类条"组拖动到新的画布中,进行位置的调整及文字的更改。

2. 商品细节展示

在Photoshop中打开相应的细节图片。将其与文字说明进行简单的排版,如图4.3.13所示。

商品细节展示部分设计完成后,根据实际需要,利用裁切工具对页面的高度进行裁切,保存源文件,同时生成一个jpg格式的成品文件待用。

活动3　详情介绍设计

活动背景

电子类商品详情描述页一般以图片配合文字的形式进行设计,利用图片的优势介绍产品的主要功能,详情介绍一般为该电子产品的相应参数，可以用表格或者文字段落的形式用于展示。Alice在进行详情介绍设计时，采用了文字段落的方法来进行。

活动实施

新建一个750像素×1 000像素的画布，在设计过程中根据需要进行画布裁切或者增加画布高度。

1. 分类条

将第一个活动中Alice设计好的"分类条"组拖动到新的画布中，进行位置的调整及文字的更改。

2. 详情介绍设计

将详情介绍文字在Photoshop中进行简单的排版，如图4.3.14所示。

商品详情介绍部分设计完成后，根据实际需要，利用裁切工具对页面的高度进行裁切，保存源文件，同时生成一个jpg格式的成品文件待用。

图4.3.13

```
┌─────────────────────────────────────────┐
│ 详情介绍  PRODUCT PRESENTATION    *WELCOME* │
│                                           │
│  * CPU：*********（主频：2 GHz）            │
│  * 硬盘：NANDFLASH：32 GB                   │
│  * 内存 ：DDRIII *****                      │
│  * 扩展存储设备：MICROSD（最大支持32 GB），U盘 │
│  * 操作系统：GOOGLE ANDROID *****           │
│  * 内置网卡：WIFI 802.11 B/G/N              │
│  * 摄像头：前置摄像头                        │
│  * 适配器：9 V/1.5 A                        │
│  * 音频：内置立体声喇叭和麦克风               │
│  * 视频支持格式：MPEG1/2/4、AVI、FLV、MJPG、H263、H264，其中│
│    除H264支持的是(720×480)分辨率，其余视频格式均支持(1 280×720)│
│    分辨率。                                 │
│  * 显示比例：16：9                          │
│  * 触屏类型：电阻屏                          │
│  * 屏幕尺寸：7英寸                          │
│  * 电源：可充电式锂电池                      │
│  * 其他功能：支持高清视频播放、邮件、电子书、照相、时钟、闹钟、日历、│
│    重力感应等更多其他功能                    │
│  * 产品尺寸：198*127*16.8MM                 │
│  * 颜色：前黑后银                           │
└─────────────────────────────────────────┘
```

图4.3.14

活动4　合并完整的商品描述页

活动背景

通过前面的3个活动，Alice已经完成了电子类商品描述页包含的内容：①商品展示；②细节展示；③详情介绍。接下来她需要将设计好的3个子页面合并成一张完整的商品描述页提交给运营部。

活动实施

首先打开前3个活动中已完成的jpg格式设计图。通过查看各设计图的图像大小，计算完整页面需要用到的高度，并新建一个相应高度，宽度为750像素的页面；用移动工具将各设计图拖动到新建的页面中，排列整齐；最后将页面保存为jpg格式的商品描述页。Alice的第二个商品描述页的设计就完成了，如图4.3.15所示。

图4.3.15

任务4
制作日用品类商品描述页

情境设计

完成了两个商品描述案例后，Alice对商品详情页的设计已经有了自己的理解，接下来她准备尝试一下日用品类商品的详情页设计。经过与她的企业师傅Daisy商量，Alice选择了一款折叠六角形收纳凳作为自己练习的目标。

任务分解

根据其选择的商品特点，Alice决定从3个方面进行商品的描述：①商品展示；②商品参数；③细节展示。设计上，Alice继续使用前面掌握的方法，先将3个内容分别设计好再进行合并，最终将完整的详情页交给运营部。

活动1　商品展示设计

活动背景

商品展示对日用品类的商品来说有着重要的作用，顾客对商品的第一印象就取决于此。它能让顾客对商品有一个完整的认识，比如形状、颜色选择、用途等。最终效果如图4.4.1所示。

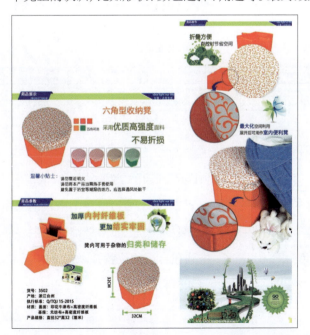

图4.4.1

活动实施

与前面两个任务类似，Alice首先需要新建一个画布用于设计，页面大小为750像素×1 000像素，在设计过程中根据需要进行画布裁切或者增加画布高度。

1. 设计详情分类条

对分类条的设计已经有了一定的经验后，Alice在对日用品类商品进行分类条设计的时候，首先考虑配色的问题，日用品类的商品一般来说颜色可以鲜明一点；其次是形状，可以沿用之前任务的长条形，也可以根据自己的想法设计独特的形状。这里，Alice设计了一个配色鲜艳的分类条，如图4.4.2所示。

图4.4.2

首先，新建画布，在图层面板上新建一个组，组名为"分类条"。接着，在组内新建一个图层，选择矩形工具（选项选择：路径），绘制一个矩形路径，利用直接选择工具选择右上角的点，往左侧稍微移动，如图4.4.3所示，为该路径填充黄绿色。新建一个图层，对路径进行变形，如图4.4.4所示，并为该路径填充天蓝色。最后，在左侧添加一个蓝色形状，并添加相应的文字说明。

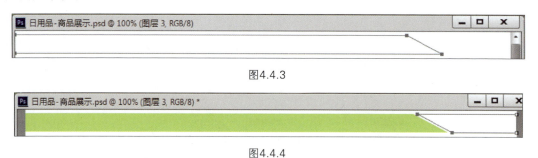

图4.4.3

图4.4.4

2. 商品展示设计

在Photoshop中打开"电子素材/项目4/任务4"中"商品颜色1.jpg"—"商品颜色5.jpg"，选择一个商品作为主要展示的商品放置在左侧，把另外4个颜色的商品等比缩小，并添加"图层样式"（1像素，不透明度：50%，颜色：黑色），水平排列在主要展示商品的右下侧。绘制几个与商品颜色相同的正方形，排列在合适的位置并添加上相应的文字说明（适当调整文字的颜色及大小，突出重点），如图4.4.5所示。

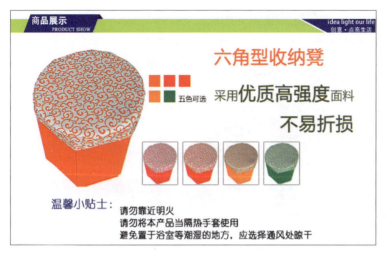

图4.4.5

商品展示部分设计完成后，根据实际需要，利用裁切工具对页面的高度进行裁切，保存源文件，同时生成一个jpg格式的成品文件待用。

活动2　商品参数设计

活动背景

每一个商品，都需要有相应的参数说明，虽然图片描述比较直观，但同时也必须说明具体的参数，让顾客对商品有更客观的了解。Alice所选择的六角形折叠凳这一商品比较重要的参数是尺寸以及材质，接下来的设计就针对这两部分来完成。

活动实施

新建一个750像素×1 000像素的画布，在设计过程中根据需要进行画布裁切或者增加画布高度。

1. 分类条

将从上一活动中设计好的"分类条"组拖动到新的画布中，进行位置的调整及文字的更改。

2. 商品参数设计

在Photoshop中打开"电子素材/项目4/任务4"中素材图片"商品组成图.jpg"及"商品颜色1.jpg"，为商品图配上一个尺寸标示，并用文字说明商品的特性，最后再加上常见参数说明，如图4.4.6所示。

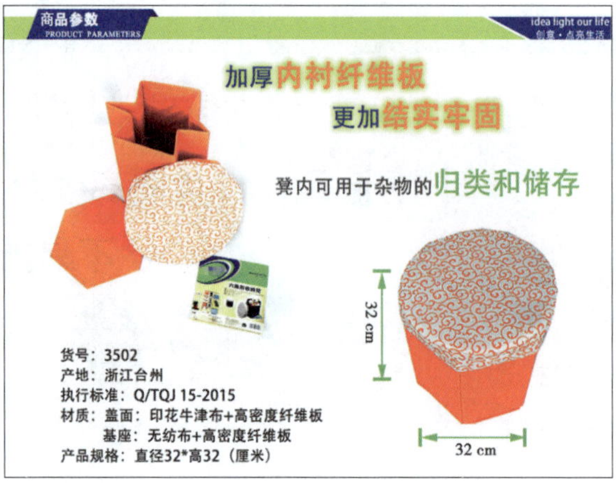

图4.4.6

商品参数部分设计完成后,根据实际需要,利用裁切工具对页面的高度进行裁切,保存源文件,同时生成一个jpg格式的成品文件待用。

活动3 商品细节展示设计

活动背景

和所有类别的商品描述页一样,商品的细节展示是必不可少的。在对日用品类的细节展示说明中,可以突出商品的材质细节以及商品特性。

活动实施

新建一个750像素×1 000像素的画布,在设计过程中再根据需要进行画布裁切或者增加画布高度。

1. 分类条

把从上一活动中设计好的"分类条"组拖动到新的画布中,进行位置的调整及文字的更改。

2. 商品细节展示设计

在Photoshop中打开"电子素材/项目4/任务4"中素材图片"商品特性1.jpg""商品特性2.jpg"以及"商品细节1.jpg""商品细节2.jpg"。为商品的特性配上文字说明以及相应的商品细节图,如图4.4.7所示。

商品细节展示部分设计完成后,根据实际需要,利用裁切工具对页面的高度进行裁切,保存源文件,同时生成一个jpg格式的成品文件待用。

图4.4.7

活动4　合并完整的商品描述页

活动背景

通过前面的3个活动，Alice已经完成了日用品类商品描述页包含的内容：①商品展示；②商品参数；③细节展示。接下来她需要将设计好的3个子页面合并成一张完整的商品描述页提交给运营部。

活动实施

首先打开前3个活动中已完成的jpg格式设计图。通过查看各设计图的图像大小，计算完整页面需要用到的高度，新建一个相应高度，宽度为750像素的页面；接着用移动工具将各设计图拖动到新建的页面中，排列整齐；再为整体描述页添加上一些图片点缀；最后将页面保存为jpg格式的商品描述页，如图4.4.1所示。

》》》》》 任务5
CSS图文混排商品描述页

情境设计

可以熟练制作商品描述页后，Alice注意到纯图片制作的商品描述页不容易被搜索到，而且打开速度完全受到网速限制，于是Alice希望尝试图文结合的方式呈现商品描述页。

任务分解

对网店卖家而言，在商品描述中一般需使用大量图片，减少纯图片而用图文混排的方式，可以使搜索引擎顺利读取商品描述的内容，并更利于后期修改商品描述、进行SEO优化等。

知识窗

图文混排商品描述页：图文结合，文字部分不转化为图片，图片为辅。纯图片的商品描述页：整个商品描述页均为图片，文字说明部分也以图片形式呈现。

活动实施

①在Photoshop中打开"电子素材/项目4/任务5"中已做好的"服装类商品描述页.psd"，设计效果图时，文字区域尽量为矩形，方便使用CSS，如图4.5.1所示。

图4.5.1

②使用Photoshop的"切片工具"将效果图切片，如图4.5.2所示。

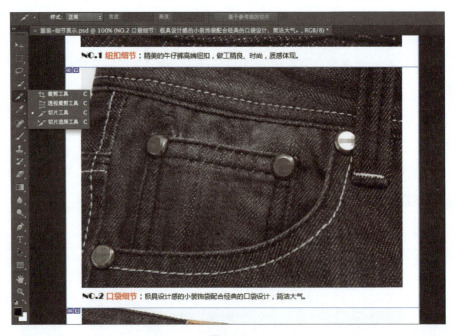

图4.5.2

③单击文字图层前的眼睛图标，隐藏文字图层，切换到需处理的图片层，如图4.5.3所示。

图4.5.3

④单击"文件"→"存储为web格式"，或使用组合键"Ctrl+Shift+Alt+S"，选中切片，图片格式设置为jpg，存储切片，如图4.5.4所示。

图4.5.4

⑤将存储好的jpg图片上传到淘宝后台的图片空间，如图4.5.5所示。

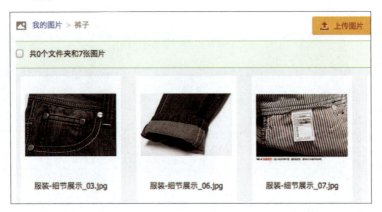

图4.5.5

⑥进入宝贝描述编辑页面，在宝贝描述编辑框点选第一个<…>源码按钮，输入div 标签，该标签成对出现，写法为<div>...</div>，如图4.5.6所示。

图4.5.6

⑦设置一个宽750的隐藏边框的表格，具体代码如图4.5.7所示。

图4.5.7

⑧将图片空间中对应的图片作为背景插入相应的表格中，具体代码如图4.5.8所示。其中"https://img.alicdn.com/imgextra/i2/1944514011/TB2GPJ5gXXXXXcDXXXXXXXXXXXX_!!1944514011.jpg"是图片空间中图片的对应链接。

图4.5.8

⑨预览效果如图4.5.9所示。

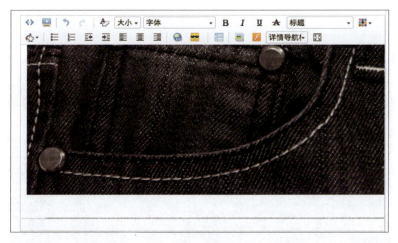

图4.5.9

⑩加入文字。插入<p>...</p>，用于放置一段文本中"<p>"和"</p>"间插入文本内容，使用</br>换行，如图4.5.10所示。

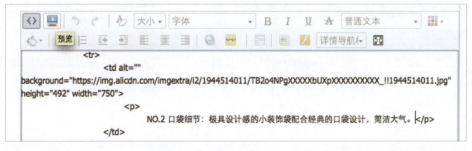

图4.5.10

⑪文字的字体、字号、颜色等样式，可返回编辑视图直接用文字工具来设置，如图4.5.11所示。

图4.5.11

⑫完成的效果如图4.5.12所示。

图4.5.12

⑬保存已经编辑好的图片,其余内容图文混排,重复上述步骤。

要点提示

淘宝平台会过滤"div"的"background"背景属性,因此需要在每一个用到"background"的"div"里添加一个"table"表格,并利用"table"的"background"背景属性。

🔲 知识窗

div是网页中经常用来进行网页布局的一个标签,它本身就是一个容器,可以用来放置其他的元素。CSS是用来进行网页风格设计的,可以使人有效地控制网页外观,可以扩充精确指定网页元素位置、外观以及创建特殊效果的能力。

自我测试

操作题

（1）请在淘宝网搜索以下类型商品，对比不同类别商品详情页模块顺序，并思考各类别商品不同模块之间的区别。

商品种类	模块1	模块2	模块3	模块4	模块5	模块6	模块7	模块8	模块9
服装									
电子产品									
百货									
图书									
化妆品									

（2）由教师提供一组商品图片，分组进行商品详情页制作，要求做到图文并茂。

项目5
移动端店铺装修

项目综述

　　随着时代改变,现代化移动互联网的广泛运用以及智能手机的不断普及,人们对网上购物从PC端慢慢转移到移动手机端,移动端购物的方式成了一种不可改变的流行趋势,同时也便捷了人们生活。淘宝网是亚洲第一大综合网络购物平台,手机淘宝店铺也越来越受人关注,手机淘宝店铺装修以前叫一阳指装修,现在叫无线或移动端店铺装修。

项目目标

　　学习完本项目后,你将能够:

知识目标

◇认识移动端店铺的基本布局。

◇了解移动端店铺风格。

◇学习不同版面配色的运用。

技能目标

◇能够制作移动端店铺的店招。

◇能够制作移动端店铺广告。

◇能够进行移动端店铺商品分类。

◇能够制作移动端商品详情页。

◇能整体掌握移动端店铺的运用。

情感目标

◇培养学生审美排版能力,以及灵活运用能力。

任务1
制作移动端店铺招牌

情境设计

尚美优品生活坊是一家经营生活小商品的公司，公司开淘宝网店已经多年，销量一直不错。老板一直关注市场的发展以及消费者的不同动态，觉得需要把移动端的手机淘宝店铺好好装修一下，于是找到美工部负责人小胡说出了自己的想法，想把公司的手机淘宝店铺的版面好好设计一下。

任务分解

小胡是本公司美工部经理，对公司风格及老板的喜好都有一定的了解，决定先从手机端的店招开始设计，首先设计一个适合平时用的、风格色调跟公司文化一致的版面。另外快到"双十二"了，再设计一个"双十二"的活动版面一起给老板看。想好主基调以后小胡开始设计构思。

活动1　制优移动端常用店招

活动背景

常用店招，以宣传店铺为主，色调选用跟公司LOGO主色调一致的蓝色，风格简洁如图5.1.1所示。

图5.1.1

知识窗

前面制作过PC端的网店店招，与移动端店招最主要的不同是手机尺寸比较小，以淘宝为例，PC端淘宝店招图片尺寸为：950像素×150像素，手机淘宝店招图片尺寸要求是

750像素×254像素；所以手机端淘宝店铺的内容不宜过多，手机淘宝店招图片类型为：JPG、PNG，如图5.1.2所示。

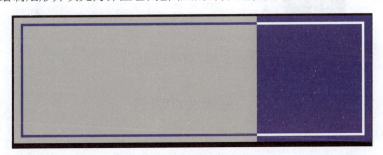

图5.1.2

活动实施

①打开 Photoshop，新建一个宽为750像素、高为254像素的文件（手机端淘宝店招的标准尺寸）。

②给背景填充为浅灰色，新建一个空白图层，用"矩形选框工具"建立一个720像素×230像素的选框，并给选框设置为5像素、深蓝色的描边，再与背景图层居中对齐；新建图层2，用矩形选框绘制矩形并填充为深蓝色，把图层的部分线条改为白色，如图5.1.3所示。

图5.1.3

③导入素材文件"电子素材/项目5/素材/LOGO.psd"，输入公司名称"尚美优品生活坊"以及广告语"满足顾客需求创造精彩生活"，调整字体大小、颜色、位置；制作关注小标：新建图层组并将其命名为"关注"，在图层组下绘制圆角矩形以及爱心形状，输入文字"关注"并调整其大小、位置，如图5.1.4所示。

图5.1.4

④添加广告区域：素材文件"电子素材/项目5/素材/商品1、2.jpg"并去底，添加广告文字"新品上市"，绘制圆角矩形以输入文字"立即购买"并调整大小、位置。为了突出商品，再给商品添加外发光的图层样式，如图5.1.5所示。

图5.1.5

⑤最后整体调整全图的版面效果如图5.1.1所示。

活动2　制作移动端"双十二"促销活动店招

活动背景

"双十二"是各大电商网站都做的促销活动，因此在色调上尽量选择绚丽、有视觉冲击力的，店招内容是以宣传活动为主，如图5.1.6所示。

图5.1.6

活动实施

①在Photoshop中，新建一个宽为750像素、高为254像素的图片文件（手机淘宝店招的标准尺寸）。

②给背景填充为粉色（色值#ffc5db）到浅蓝（色值#2686fd）的线形渐变底色，如图5.1.7所示。

图5.1.7

③新建空白图层，建立羽化为4像素的椭圆形选区，并将其填充为粉色（色值#ffc5db）到浅蓝（色值#9de4fe）再到浅黄色（色值#e5fdb6），如图5.1.8所示。

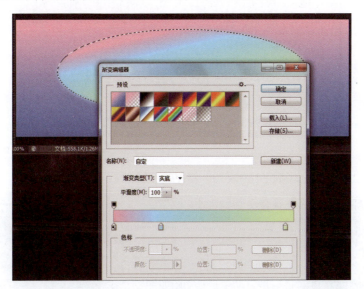

图5.1.8

④复制图层1，调整图层1副本不透明度为35%，自由变换图层把图层拉大旋转使其与图层1形成错位效果，用同样的方式复制多两层，调整不同的位置大小，如图5.1.9所示。

图5.1.9

　　⑤新建图层2，用矩形选框工具建立一个720像素×230像素的选框，并给选框描边，设置为描边宽度5像素，颜色：白色，位置：内部，再与背景剧中对齐；导入素材文件"电子素材/项目5/素材/LOGO.psd"，输入公司名称"尚美优品生活坊"以及广告语"满足顾客需求创造精彩生活"。调整字体的大小、颜色，如图5.1.10所示。

图5.1.10

　　⑥设置前景色（色值#fa69ae），再用圆角矩形工具绘制半径为50像素的圆角矩形，输入文字"12.12，品牌盛典"，适当调整字体的位置、大小，如图5.1.11所示。

图5.1.11

　　⑦输入广告文字"全场满￥169减50　活动时间12月12日—12月13日"，注意调整文字的大小、位置，最终效果如图5.1.6所示。

要点提示

　　手机淘宝店铺首页的店招是自动生成版面，如图5.1.12所示。这样只需制作一张宽为750像素、高为580像素的图片做底图滚动，店铺名称、位置大小都是系统默认的。

图5.1.12

活动评价

　　小胡完成移动店招的设计以后，发现其实不管是移动端还是PC端的店招设计，都需要把握整体风格色调，店面名称LOGO都是店招的重点。

任务2
制作移动端店铺广告

情境设计

设计好尚美忧生活坊手机端店招后，老板对小胡的这两个方案比较满意，要他根据这两个方案，把接下来的促销广告延续这两个风格设计。老板的肯定让小胡充满的信心，马上开始构思广告主题。

任务分解

活动1，店铺常规设计在广告上应当以主推商品为主，所以小胡选了和店招统一的新品为主要广告内容设计，以此丰富画面以及配合最近店面的领券优惠活动。活动2，双十二店铺促销肯定需要醒目大气的广告语，小胡想了很多方案最后觉得用"巅峰钜惠，错过再等一年"再加上富有时尚感的"SALE"的英文符号来做设计效果最佳。

活动1 制作移动端新品上市广告

活动背景

在宣传店铺主推新品的广告中，色调选用与公司LOGO主色调相同的蓝色，同时也跟商品色彩比较一致，风格简洁明了，如图5.2.1所示。

图5.2.1

📋 知识窗

根据常规的手机尺寸来说，首页广告建议图片宽度为750像素，高度为200～950像素，支持类型jpg、png，高度最大值为950像素，这是淘宝对单张图片高度的限制尺寸，不过现在市面手机的首屏尺寸也在不断的变换，所以建议设计时根据最新的尺寸标准设计广告海报。

活动实施

①在Photoshop中新建一个宽为750像素、高为950像素的文件，并将背景填充成灰色；导入素材文件"电子素材/项目5/素材/商品1.jpg、商品2.jpg，去底并添加投影图层样式，如图5.2.2所示。

②新建图层，建一个矩形选框填充为蓝色（色值#0036b0），不要取消选区再新建一个图层对选区描边：宽度：4像素，颜色：深红色，位置：居外；新建广告词图层组，输入中英文字母，调整字体大小、位置，绘制圆角矩形，输入文字"立即购买"并调整字体大小、位置，如图5.2.3所示。

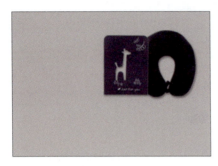 

图5.2.2　　　　　　　　　　　　　　图5.2.3

③新建一个图层组命名为"优惠券"，再分别建三个图层，分别绘制蓝色矩形边框、白色圆形、红色圆形边框；按照效果图输入文字符号等内容"满99元可以使用10元优惠券"，并添加一些红色细线做点缀，如图5.2.4所示。

④复制"优惠券"图层组，分别改成"满159元可以使用20元优惠券""满199元可以使用30元优惠券"，如图5.2.5所示。

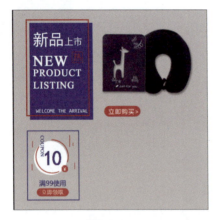 

图5.2.4　　　　　　　　　　　　　　图5.2.5

⑤最后添加一些辅助线条和元素，并适当调整画面的大小、位置，如图5.2.1所示。

活动2　制作移动端"双十二"广告

活动背景

"双十二"促销活动广告，色调选择上比较绚丽，有视觉冲击力，广告内容以整个店铺活动为主，最终效果如图5.2.6所示。

图5.2.6

活动实施

①在Photoshop中新建一个宽为750像素、高为950像素的文件，给背景填充粉色（色值#ffc5db）到浅蓝（色值#2686fd）的线形渐变底色。

②新建空白图层，建立羽化为4像素的圆形选区，并将其填充为粉色（色值#ffc5db）到浅蓝（色值#9de4fe）再到浅黄色（色值#e5fdb6）如图5.2.7所示。

③复制图层1，调整图层1副本不透明度为35%，自由变换图层将其拉大旋转，使其与图层1形成错位效果，用同样的方式再复制两个图层，调整不同的位置、大小，如图5.2.8所示。

图5.2.7　　　　　　　　　　　　　图5.2.8

④新建图层2，用"矩形选框工具"建立一个65像素×850像素的选框，并给选框设置大小为8像素、白色、内部描边效果，再与背景剧中对齐；设置前景色为#fa69ae，用圆角矩形工具绘制半

径为50像素的圆角矩形,加入文字"12.12,品牌盛典",适当调整位置、大小,如图5.2.9所示。

⑤输入广告文字"巅峰钜惠",选择较粗的黑体调整其大小,再执行"文字"→"转换为形状",再用"钢笔工具"对文字进行变形设计,再输入广告词"错过再等明年""12.12",适当调整文字大小、位置,在给文字加入不同颜色的投影图层样式,如图5.2.10所示。

图5.2.9

图5.2.10

⑥建立"S""A""L""E"4个字母图层,各自(或逐一)执行"文字"→"删格化文字图层";用"多边形套索工具"建立一个菱形工作路径并生成选区,如图5.2.11所示;分别将S、E两个图层按"Delete"键删除选区部分,再将选区反向选择分别将A、L两个图层按"Delete"键删除选区部分;新建图层,给菱形选区2设置像素大小的白色描边;把框的上下横线部分删除掉,再用硬度100%、大小为8像素的白色画笔,在线条顶部点两个小原点,如图5.2.12所示。

图5.2.11

图5.2.12

⑦将"S""A""L""E"4个图层锁定透明像素,再用画笔工具,设置画笔硬度:0%,大小:80像素,前景色:灰色,在靠近线条位置部分涂上灰色形成阴影效果;添加文字"活动时间12月12日—13日",如图5.2.13所示。

图5.2.13

⑧新建图层制作球形效果,建立圆形选区,填充白色到粉红色的径向渐变并给图层添加投影样式,复制制作好的球形并改变颜色和大小分布在图像中的不同位置,如图5.2.14所示。

⑨最后调整整体画面布局、位置大小,保存为最终效果,如图5.2.6所示。

活动评价

小胡这次的任务内容是与店招风格统一的促销活动广告,不管是移动端还是PC端店铺设计,从店铺店招到广告画到分类区的设计风格的统一非常重要,会让店铺看上去更整体、更专业。

图5.2.14

)))))))) 任务3
制作移动端店铺商品分类展示区

情境设计

尚美优品生活坊是一家经营生活小商品的网店公司，老板找到美工部负责人小胡提出需要根据不同的活动主题制作首页商品分类展示区，以便于活动开展时能够快速更新版面，通过视觉营销方式提高转化率。希望先做出两套模板：平时采用一般商务风格模板，再根据网店活动再设计一个夏日主题的模板。

任务分解

小胡是本公司美工部经理，对公司风格及老板的喜好都有一定的了解，决定首先设计一个风格色调跟公司文化一致的蓝色加灰色搭配的商务模板，另一个采用蓝绿色加橙色搭配明快色调适合夏日主题的模板。接下来小胡开始设计构思。

活动1　制作商务版尚美状品生活坊手机淘宝商品分类展示区

活动背景

首先需要确定模板整体的颜色搭配，蓝色系搭配具有现代感，是商务风格常用的色彩；而灰色与蓝色搭配能够减少对比；在冷色系配色中添加茶色系色彩，给人以时尚、理性的感觉。整体颜色选择好后接下来就开始设计，效果图如图5.3.1所示。

图5.3.1

知识窗

　　手机淘宝屏幕较小，一次性展示的宝贝就会很少。展示宝贝的数目较少，让顾客快速找到适合的商品并且产生交易是平台的目的。因此在首页必须展示店铺主推的商品，并做好商品分类导航，方便客户快速找到所需的商品。手淘首页宽度尺寸为608像素，高度不限，一般3 000~4 000像素就够了。

活动实施

　　①在Photoshop中新建一个宽608像素、高3 200像素的文件。

　　②制作首页海报背景：新建图层组并将其命名为"海报"，在图层组里新建广告背景图层，用矩形工具绘制宽度为606像素，高度为420像素的矩形，填充为灰色，输入中英文 "热卖推荐"，制作按钮 "立即查看"，调整字体大小、颜色，如图5.3.2所示。

图5.3.2

　　③制作优惠券栏目：新建图层组并将其命名为 "优惠券"，在图层组里新建优惠券的背景图层，用矩形工具绘制宽度为190像素、高度为150像素的矩形，填充为驼色；用矩形工具绘制宽度为410像素、高度为150像素的矩形，填充为蓝色；用矩形工具绘制宽度为1像素，高度为150像素的矩形做分隔线，填充为白色，如图5.3.3所示。

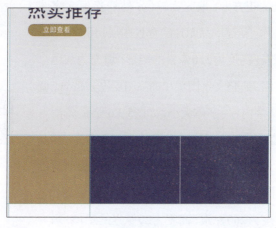

图5.3.3

④用矩形工具绘制宽度为130像素、高度为25像素的矩形，填充为深蓝色，并复制多一个，分别输入优惠券文字及数字，并调整字体大小、颜色，如图5.3.4所示。

图5.3.4

⑤制作导航栏，新建图层组并将其命名为"导航栏"，在图层组里新建图层，用"椭圆工具"绘制圆形，边框为2像素，颜色为深蓝色，填充无色。用矩形工具绘制文字框，填充为深蓝色。在文字框内分别输入"NEW ARRIVAL""BEST SELL""PRIVILEGE"，如图5.3.5所示。

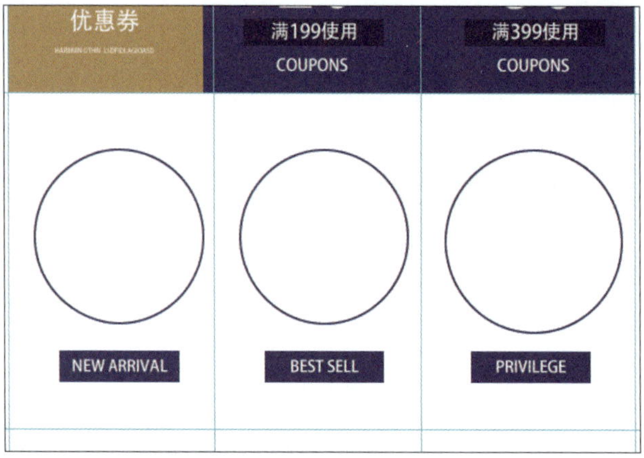

图5.3.5

⑥制作商品分类栏：新建图层组并将其命名为"靠垫"，在图层组里新建商品文字的背景图层，用"矩形工具"绘制宽度为220像素、高度为220像素的正方形，填充为驼色；然后新建文字图层，录入中英文商品名称。新建商品图片的背景图层，用"矩形工具"绘制宽度为340像素、高度为220像素的矩形，填充为灰色。然后复制"靠垫"图层组，调整文字图层和商品图层左右位置，调整文字背景图层以及文字内容、字体大小，如图5.3.6所示。

⑦制作精品推荐栏目文字：新建图层组并将其命名为"精品推荐"，在图层组下新建文字背景图层，用"矩形工具"绘制宽度为606像素、高度为15像素的矩形，填充为灰色；然后新建图层，用"矩形工具"绘制宽度为260像素、高度为20像素的矩形，填充

图5.3.6

为白色；然后新建文字图层，录入中英文"精品推荐"，调整文字大小和位置，如图5.3.7所示。

图5.3.7

⑧制作推荐商品栏：新建图层组并将其命名为"商品"，在图层组里新建商品背景图层，用"矩形工具"绘制宽度为280像素、高度为280像素的正方形，填充为灰色；然后制作"立即抢购"文字框，并录入文字。制作完成整体后复制3个，并按图调整位置，如图5.3.8所示。

图5.3.8

图5.3.9

⑨制作说明栏：新建图层组并将其命名为"说明"，在图层组里新建商品背景图层，用"矩形工具"绘制宽度为300像素、高度为606像素的矩形，填充为蓝色；然后制作"更多产品"文字底框，并录入文字。绘制"快速发货""优质服务""售后保障"等图标，并录入中英文字，如图5.3.9所示。

活动2 制作夏日主题尚美状品生活坊手机淘宝商品分类展示区

活动背景

首先需要确定模板整体颜色搭配，夏日风格流行的清爽蓝，想要达到一秒吸睛的效果可以选择从黄绿到橙红的对比色，搭配大海的深蓝色具有层次感，整体颜色搭配和商务风格有明显区别。每年年中淘宝都会组织促销活动，因为到了夏天，首页设计在色调上会选择比较清凉、比较活泼的风格，如图5.3.10所示。

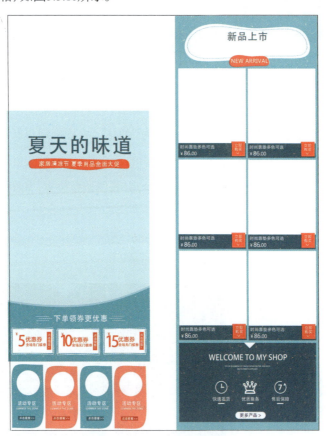

图5.3.10

活动实施

①在PhotoShop中新建一个宽为640像素、高为3 200像素的文件。

②制作首页海报背景：新建图层组并将其命名为"海报"，在图层组下新建广告背景图层，用"矩形工具"绘制宽度为640像素，高度为1 000像素的矩形，填充为天蓝色；新建图层，用"钢笔工具"绘制带有弧线的背景框，并建立选区，羽化半径为2个像素，填充为深一点的蓝色。复制以上图层，并填充为更深的蓝色，输入文字"夏天的味道"，制作按钮"家居清凉节 夏季用品全面大促"，调整字体大小、颜色，如图5.3.11所示。

③制作优惠券栏目：输入文字"下单领券更优惠"，并绘制线纹。新建图层组将其命名为"优惠券"，在图层组里新建优惠券背景图层，用"矩形工具"绘制大小为190像素×110像素，边框宽度为1像素，填充色为无的矩形框，并复制图层，调整矩形框角度如图5.3.12所示。绘制180像素×100像素的矩形，填充为白色。分别输入优惠券文字及数字等，调整字体大小、颜色，然后复制"优惠券"图层组，调整数字和位置，如图5.3.12所示。

④制作商品分类栏：新建图层组并将其命名为"商品分类栏"，在图层组里新建图层，用"钢笔工具"和"矩形工具""椭圆工具"绘制图形。在文字框内分别输入"活动专区""SUMMER THE ZONE""点击查看"，如图5.3.13所示。

图5.3.11

图5.3.12

图5.3.13

⑤制作新品上市标题栏：新建图层组并将其命名为"新品上市标题"，在图层组里新建文字背景图层，用"钢笔工具"绘制图形，填充为白色；然后选择路径，在工作路径上点击鼠标右

键，选择描边路径，选择画笔工具，按"F5"键调出画
笔面板，点选"画笔笔尖形状"再调整"间距"滑块，如
图5.3.14所示，即可绘制虚线框。然后新建文字图层，
录入中英文"新品上市""NEW ARRIVAL"，调整文
字大小、位置，如图5.3.15所示。

　　⑥制作推荐商品栏：新建图层组并将其命名为"商
品"，在图层组里新建商品背景图层，用"矩形工具"绘
制宽度为300像素、高度为325像素的长方形，填充为白
色，绘制宽度为300像素、高度为60像素的长方形，填
充为深蓝色。然后制作"立即购买"文字框，并录入商
品名字和价格。制作完成后整体复制3个，并按图调整
位置图，如图5.3.16所示。

　　⑦制作说明栏：新建图层组并将其命名为"说
明"，在图层组里新建商品背景图层，用"矩形工具"绘
制宽度为606像素、高度为300像素的矩形，填充为蓝
色。然后制作"更多产品"文字底框，并录入文字。绘制

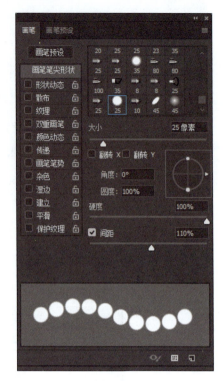

图5.3.14

"快速发货""优质服务""售后保障"等图标，并录入中英文，如图5.3.17所示。

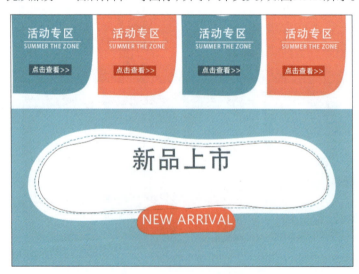

图5.3.15

图5.3.16

图5.3.17

活动评价

　　小胡如期完成任务，通过商务风格和夏日风格商品分类展示区的模板制作，他掌握了颜色搭配技巧、商品分类栏设置、如何通过设计区分不同类型栏目。掌握了以上几点技巧，就可以根据要求设计出更多类型的模板。

>>>>>>>>> **任务4**

制作移动端店铺商品详情页

情境设计

小胡设计完商品分类展示区的模板之后，开始构思如何制作移动端店铺商品详情页，移动端商品详情页和PC端商品详情页有很大区别，详情页应该制作多大尺寸？设置多少个模块才适合？带着这些问题小胡开始了设计之路。

任务分解

为了完成移动端的详情页设计，小胡首先要了解移动端和PC端商品详情页有何不同。接下来要根据移动端浏览的特点来合理设计展示模块。

活动　设计详情页各功能模块

活动背景

移动端的商品详情页除了知识窗的三个注意点，其他在内容上与电脑端一样，主要是能把产品的各种特点展示出来。

🗗 知识窗

宝贝详情页是提高转化率的入口，激发顾客的消费欲望，树立顾客对店铺的信任感，打消顾客疑虑，促使顾客下单，优化宝贝详情页对转化率有提升的作用。制作移动端和电脑端的商品详情页有何区别呢？

（1）可视区域大小不同。手机的屏幕大小通常是5~7 in*，而电脑屏幕一般在15~22 in，即使最小的电脑屏幕也要比手机屏幕大得多。因此手机端的商品详情页宽度一般在480~620像素，每屏图片高度小于等于960像素。详情页内容尽量简洁，不要堆砌太多内容，否则会很容易造成排版拥挤，这样买家不仅会觉得难看，还抓不到重点。而且电脑端的屏幕是横屏的，手机是竖屏，就不能把电脑端的图直接转化成无线端图片，否则比例会失调。

（2）浏览方式不同。大部分人都是双手控制手机，浏览页面时通过手指滑动进行上下翻页和查看图片。对手机的控制能力比鼠标还是要差一些，因此相关链接的图片一定要方便用手指

---

* 1 in=2.54 cm

点击。手机端详情页不用拉很长，因为消费者的时间有限，他们没有那么多的耐心，做到10屏就已经不少了。

（3）使用习惯不一样。现在买家都是利用上下班这样的碎片时间逛淘宝，如果移动端的商品详情页太长，会使加载速度变慢，这样买家可能刚点进去就会退出来，无法实现转化。所以移动端的商品详情页，要尽量压缩它的尺寸和图片大小，如果图片太多，最好拼接起来，确保详情页不要过长。

活动实施

①设计详情页基本板块。详情页的布局应该采用上半部分阐述商品价值，下半部分培养买家的消费信任感来完成。在详情页的构成框架中，每一块组成都有它的价值，都要经过仔细地推敲和设计，下面针对每一个框架进行详细阐述。

②设计模块1: 促销海报，如图5.4.1所示。利用促销海报瞬间传递商品以及店铺信息，用最短的时间使买家产生继续浏览的欲望，因此在设计该部分时可以尽情展现商品的特色。因篇幅有限，详细制作步骤就不一一列明。

图5.4.1

③设计模块2: 促销优惠信息，如图5.4.2所示。通过优惠券吸引用户继续浏览商品，提升消费者购物欲望。

图5.4.2

④设计模块3：关联商品展示，如图5.4.3所示。可以选择相关性比较大的宝贝进行展示，提高成交转化率和客单价。

图5.4.3

⑤设计模块4：商品参数，如图5.4.4所示。将商品的核心参数通过图表等方式呈现，方便消费者了解商品规格型号、材质、尺码等信息。

图5.4.4

⑥设计模块5：商品细节（卖点、功能等）展示，如图5.4.5所示。根据商品卖点优势总结进行逐一展示，卖点在对应的模块中展示，这里所要展现的就是商品的特色，打造商品"专业"性，向买家传达商品能够带来的卓越功效等信息，提升买家的购买欲望。商品细节展示要清晰、富有质感，并且附加具体细节的相关文案介绍，方便买家更好地了解商品的材质和构造。

⑦设计模块6：商品全方位展示，如图5.4.6所示。多个角度展示商品全貌或者展示同款不同颜色商品，帮助买家充分了解商品，拉近与买家的距离，促使买家下单购买形成转化，提高转化率。

图5.4.5

⑧模块7：客户评价及售后，如图5.4.7所示。客户以往评价记录能够增强用户购买的信心。商品售后说明可以解决买家已知和未知的各种问题，例如，是否支持7天无条件退换货，本店选择发哪种快递，产品有质量问题应该如何解决等。好的商品售后说明模块不但可以减轻客服的工作压力，也可以增加静默转化率，从而做到把复杂的问题留给自己，把简单的答案留给买家。

以上模块通过Photoshop整体设计完成之后，再用切片工具对详情页各模块进行分割，最后上传到网站进行拼接，在适当的位置添加店内商品和栏目链接。

活动评价

通过移动端商品详情页模板的制作，小胡掌握了详情页模块设定、模块内图文排版和布局、视觉营销技巧。要根据商品特点来设计详情页模块内容和顺序，引导买家下单购买，达到提高商品转化率的目的。

图5.4.6

图5.4.7

自我测试

将学生分组，每个小组各自设计制作一套移动端店铺首页版面，其中包括店招、广告、优惠券、分类区等。

操作步骤如下：

①选定产品类别及风格；

②选定版面主题、色点、风格；

③分任务完成设计。

通过对比不同小组的设计作品，说出在设计中使用的方法有哪些？为什么这么设计？并指出设计中的优点及不足。